古川 雅子／山地 一禎／緒方 広明／木實 新一／財部 恵子

学びの羅針盤
— ラーニングアナリティクス

丸善ライブラリー

JN125566

はじめに

　本書を手に取っていただきありがとうございます.「学びの羅針盤」とか「ラーニングアナリティクス」とか,一体なんだろうと思われた方のために,この本は書かれています.

　もちろん,「学び」や「ラーニング」あたりの言葉から教育関係の内容かなと察してくださった方にもぜひ読んでいただきたいと思っています.

　あなたはこれまでに何らかのかたちで,教育を受けたり,教える立場になったり,自ら学習したりといった経験を積んできたのではないでしょうか.その経験を通じてご自分なりに成功のコツや失敗の原因をわかっていらっしゃるのかもしれません.

　しかし,せっかくつかんだ成功のコツが,他の人や他の状況では適していなかったり,また,ご自分にとっても他の人が成功したやり方が合わなかったりして,一体どうすればいいのか困ったことはありませんか.

　本書では,教育や学習の成功ノウハウを直接解説しているわけではありませんが,そもそも教育や学習の現場で何が起こっているのか,どのような要因が成功・失敗を分ける可能性があるのかなどについて,客観的に解析する「ラーニングアナリティクス」という研究分野につ

いて紹介しています．これは近年，情報学や教育学などの様々な分野の国内外の研究者たちから大変注目を集めています．

第1章では，「ラーニングアナリティクス」の基礎的なお話をします．第2章では，この分野の世界的な動向をご紹介します．そして第3章と第4章では，国内の動向として，現在最も進んだ取組みを行っている九州大学の事例と日本全体の取組みについてご紹介します．最後に第5章では，「ラーニングアナリティクス」の未来と課題についてみなさんと一緒に考えてみたいと思います．

本書を読んだあと，「ラーニングアナリティクス」によって，あなた自身の学びの羅針盤が手に入る未来を少しでも思い描いていただければ幸いです．

著者一同

目　次

カバーイラスト，本文イラスト　なかがわみさこ

第1章

ラーニングアナリティクスって何？

1. ビッグデータ時代の教育

退学しそうな学生を予測できる？

　このところ姿を見かけなかった学生が，いつの間にか大学を退学していた．そんな経験は特にめずらしいことではないでしょう．文部科学省の調査[*1]によると，大学在学中に退学してしまう学生は全体の約10%にのぼり，その数は増加の傾向にあるといわれています．経済的な理由のほか，学業不振や大学とのミスマッチ，転学など，さまざまな理由が上げられます．

　退学した学生には，欠席が増えたり成績が下がったり，何らかの予兆があったかもしれません．もし，こうした予兆を早い時点で察知し，退学するリスクが高いと予測できれば，学生が大学を去ってしまう前に，それを防ぐための効果的な支援ができるかもしれません．

　実は今，退学のリスクが高い学生を高確率で予測することが可能になってきています．近年，教育環境の情報化が進んだことで，授業の中でeラーニングなどの情報システムにログインしたり，デジタル教材にアクセスしたりする学生たちの行動が，履歴（ログ）として自動的に蓄積されるようになりました．この「学習履歴データ（学習ログ）」をおもな手掛かりに，退学しそうな学

*1　文部科学省「学生の中途退学や休学等の状況について」（平成26年9月25日）

生を予測できるようになってきたのです．

　これまでに蓄積されたデータには，過去の退学者の
データも含まれています．それを分析し，他の学生とは
明らかに異なる傾向が見られれば，それが退学の予兆だ

とわかります．この分析結果を現在の学生の状況と照らし合わせることで，同じような傾向を示す学生を早期に見つけ出すことができるのです．

　予測できるのは退学のリスクだけではありません．学期末試験を受けるより前に，すでに最終的な成績をある程度予測できることがわかっています．この予測結果を利用すれば，教員は成績が低下しそうな学生を早い段階で把握し，その学生に対して成績アップのための支援ができるようになります．学生自身が学期の途中でそれを確認できれば，自分の状況を客観的に見つめ直し，自ら学習態度を変えようと努力し始めるかもしれません．また，何を頑張れば成績を上げられるのかを具体的にアドバイスできれば，学生にとって非常に役立つ支援となるでしょう．

　このように，教育や学習に関わるデータを集めて分析し，教育や学習に役立てようという研究分野は「ラーニングアナリティクス（Learning Analytics：学習分析）」と呼ばれています．研究が始まってから 10 年にも満たない新しい研究分野ですが，現在，世界中で研究が進められており，教育の現場でも注目されています．その研究成果をもとに，退学のリスクや成績を予測したり，授業改善のためのヒントを得たり，わかりやすい教材を開発したり，教育の改善につながるさまざまな取組みが行われています．ラーニングアナリティクスとはいったいどういうものなのか？　具体的に見ていくことにしましょう．

教育の情報化によって大量のデータが蓄積

　教育の現場では，近年，急速に情報化が進んでいます．パソコン（PC）やタブレット端末，電子黒板などの情報通信技術（ICT [*2]）が導入されたことで，授業風景は大きく変わりつつあります．学生が自分の PC を教室に持ち込んで授業を受ける「PC 必携化（BYOD [*3]）」を実施している大学や，学内無線 LAN を整備している大学も増え，学生たちが日常的にコンピュータを使って学習できる環境が整ってきています．

　ただ便利になっただけではありません．ICT の活用によって，これまで知ることができなかった学生たちの学習のプロセスが，データとして取得できるようになったのです．特に「学習管理システム（Learning Management System：LMS）」は多くの大学に導入され，長く運用されています．LMS とは，インターネットを使った学習（e ラーニング）に必要なウェブサービスで，学習教材の配信や履修状況，成績などを一括して管理す

---

*2　ICT：Information and Communication Technology の略．コンピュータやネットワークに関連する技術やサービスなどの総称．情報通信技術のこと．IT（Information Technology）とほぼ同義語ですが，インターネットによる通信技術を活用した情報の伝達という意味合いがあります

*3　BYOD：Bring Your Own Device の略．もともとは自分の PC やスマートフォン，タブレットなどのデバイスを勤務先に持ち込み，仕事で使うことをいいます．「PC 必携化」とも呼ばれます．教育の現場における BYOD 導入の重要性は理解されているものの，まだ十分とはいえない状況です．

ることができます．このLMSを使って学習することで，学習者がどの教材の何ページを閲覧したか，どういうタイミングでページを進めたか，どの問題にどのくらい時間がかかったかなど，日々の学習のプロセスがログとして自動的に記録されます．つまり，学生たちがオンライン上でどのように学習したのかが，学習ログというデータを手掛かりに詳しく分析できるようになったのです．

さらに，かつては紙で管理されていた履修情報や成績情報もデジタルデータとして取得できるようになり，よ

図1-1　MOOCとは？

インターネットを通じて大学の授業を受講できる「大規模公開オンライン講座（Massive Open Online Course）」のこと．複数形で「MOOCs」ともいわれます．世界中のだれでも基本的には無料で受講でき，修了要件を満たせば修了証が交付されるしくみです．2012年にアメリカで大流行すると，またたく間に世界中に拡大していきました．

り詳細な分析が可能になりました．学校の外においても，大規模公開オンライン講座（MOOC）のように，数千〜数万人規模の受講者がインターネットを通じて講義を受ける学習環境が普及しています．

　こうして，さまざまなところで教育の情報化が進んだことで，教育や学習に関わるデータ（以下，教育データ）が大量に蓄積されるようになりました．これらのデータは「教育ビッグデータ」と呼べるほど大きくなりつつあります．

データを集約して教育ビッグデータへ

　ビッグデータとは，インターネットを通じて日々生成される通信履歴，ホームページの閲覧情報，GPS の位置情報，SNS への書込みデータなど，私たちの行動を記録した大容量のデジタルデータを指しています．近年，ビッグデータを分析することで，これまでにない新しい発想や意外な発見ができるようになり，さまざまな分野でその利活用が進んでいます．

　ビッグデータの利活用の例としてまず思い浮かぶのは，Amazon などのオンラインショップのレコメンド機能でしょう．購買履歴や閲覧状況などのビッグデータをもとに，その人が興味を持ちそうな商品を「お薦め」として表示し，購買意欲を高めようというものです．また，SNS より抽出したソーシャルメディアデータから，特定の商品に関するコメントを集めて，マーケティングや商品開発に活用している企業もあります．最近では医療

表 1-1　おもな教育データ

授業に関するデータ	科目名, シラバス, 履修登録者数, 学年など
成績データ	最終成績, 小テスト, レポート点数, 入試情報など
教材データ	テキスト, 補助教材, デジタル教科書, 講義ビデオなど
人的データ	教員, 学生, 授業補助者の年齢, 性別, 授業経験など
テキストデータ	e ポートフォリオ, レポート, アンケート, SNS など
LMS などのシステムの ログデータ	出席, レポート提出時間, ログイン 履歴など
システムに関する情報	使用している PC やタブレット端末, LMS の種類など
環境データ	講義映像, 教室内の気温, 湿度, 明るさ, 騒音など
健康データ	健康診断データ, 体力測定データ, 脈拍, 歩数, 発汗, 脳波, 視線など

の分野でもビッグデータの利活用が始まっています.

　教育の分野においても同様で, 教育データを集約した教育ビッグデータの利活用が注目を集めています. 集約すべき教育データは多岐にわたりますが, たとえば大学で取得できるものとしては次のようなデータがあります.

　まず, シラバスや成績をはじめとした教務データがあります. 科目名, カリキュラム, 担当教員, 時間割, 授業回数, 教室の割当てといった授業に関する情報や, 入学から卒業までの成績に関する情報があります. 授業で

使用している教科書や補助教材に関するデータや，教員や学生の年齢，学歴などの個人データも含まれます．

　レポートやプリント，授業のメモなど，学生の学習に関わる記録をデジタル化してまとめたものを「eポートフォリオ[*4]」と呼びますが，このeポートフォリオの記述も教育データの1つです．また，LMSなどの学習ログには，単に学習の結果だけでなく，教材のどこを見たのか，どのくらいの時間をかけて解いたのかなど，学習の行動自体が記録されています．

　大学で使用しているコンピュータやシステムについての情報もあります．授業で使用しているのはPC，タブレット端末，スマートフォンのどれか，LMSやeポートフォリオ管理システムは何を使っているか，授業でMOOCのような学外のサイトを活用しているかといった情報です．また，講義室などの学習空間の映像や音声，室温や湿度のような環境に関するデータもあります．

　最近では生体センサを内蔵したウェアラブル端末が登場し，学習時の血圧や心拍，体温などのデータを集めることが可能になってきました．電極をつけたり，大掛かりな装置を使ったりしないと取得できなかった脳波などの生体情報も，スマートフォン経由で簡単に取得できる

＊4　eポートフォリオ：「ポートフォリオ」とはファイルや書類入れという意味で，もともとデザイナーやアーティストなどが自分の作品を1つのファイルにまとめたものを指します．最近では学生の学習活動や成果物を学びの軌跡としてまとめたものをポートフォリオと呼ぶようになり，それを電子化したものを「eポートフォリオ」と呼んでいます．

ようになりつつあります．こうしたデータも，将来は取得することになるでしょう．

　これらのデータをすべて集約したのが教育ビッグデータです．その膨大なデータを分析することで，新しい教育のかたちが見えてくるのではないかと期待されています．この教育ビッグデータの利活用を行うのが「ラーニングアナリティクス」と呼ばれる手法です．

　現在は大学を中心にデータの蓄積が進んでいますが，今後は小中高校に対象を広げて研究が進んでいくと思われます．2019年4月からは小中高校の授業の一部でデジタル教科書*5 が使用可能になりました．将来，その操作履歴を1つに集約できれば，大規模な教育ビッグデータが構築されることになります．このように，蓄積されていく教育ビッグデータが，これからの教育のあり方を大きく変えようとしています．

　ただ，現時点ではそれぞれのデータが異なる部署で管理されているという問題があります．LMSのデータは情報センターが管理し，成績や科目のデータは教務課が管理しているというように，データを集約して利活用を進めようということは，まだあまり考えられていないのが現状です．蓄積されたデータを教育に役立てるためには，まずデータを1つに集約し，ビッグデータにする必要があるのです．

*5　デジタル教科書：PCやタブレット端末などで利用できるデジタル化された教科書のこと．内容は紙の教科書と同じですが，音声を聞いたり，動画を見たり，紙の教科書ではできない多様な学び方ができるようになります．

　多様なデータを集約して教育ビッグデータにするには，まだ大きな課題が残されています．その1つが，どのような方法で集約するのかという問題です．たとえば，小学校，中学校，高校，塾，予備校など，複数の組織が独自の方法で学習ログを蓄積し，大学に上がったときに提出してもらうという場合，それらを1つにまとめるにはどうしたらよいでしょうか．医療の場合には，個人の医療情報を一元化するための医療等IDの導入が予定されていますが，教育の場合にはどうするのか，まだ検討されていません．

　プライバシー保護の観点からいえば，それぞれの組織ごとに別人のようにデータが蓄積されている必要があります．たとえば，「山田一郎」さんのデータが小学校ではA，中学校ではB，高校ではCという異なるIDで蓄積されていれば，万一どこかでデータが漏れても容易に1つにつながることはありません．こうした工夫によって，データが流出してしまった際の被害を最小限に抑えられると考えられています．しかし，それらのデータを1つに統合して利用しようとする場合，A，B，Cとして集めたデータをだれがどういう方法で「山田一郎」さんのものとして統合するのでしょう．これは，一般的に「名寄せ」と呼ばれる問題で，今後検討しなくてはいけない重要な課題です．幼少期から大人になるまでの学習者の

成長過程を見ていくには，小学校や大学などの組織に分散したデータを名寄せすることが不可欠です．

　そのほかにも，ICT を活用して授業を行うには，1 人 1 台の端末を授業で使える環境や無線 LAN の環境をこれから整えていく必要がありますし，教員に対する教育も不可欠です．教育ビッグデータを構築するには，まだまだ課題が多いといえるでしょう．

教育ビッグデータの分析はなぜ必要か？

　教育ビッグデータを分析することがなぜ必要なのでしょうか．学習者，教員，保護者，教育機関などの組織，地域や国・社会といったそれぞれの立場から，教育ビッグデータを分析するメリットについて考えてみましょう．

（1）学習者にとってのメリット
・自分に適した学習ができる

　たとえば，高校生になって数学が苦手になってしまったという場合，原因は中学校の単元の理解が足りないからかもしれませんし，もっと以前の小学校で取りこぼしがあったからかもしれません．それを突き止めるのはなかなか難しいことですが，手掛かりとなるデータを分析することで，学習者が理解できていない箇所を明確にすることができるようになります．さらに，取り組むべき課題を選んで出題し，苦手を克服させる

表1-2　教育ビッグデータの分析によってできること

対象	できること
学習者	自分に適した学習ができる
	学習活動の記録を残すことができる
	夢の実現に向けた学びの方向性がわかる
教員	よりよい学習支援や授業・教材の改善ができる
	評価に対して根拠のある説明ができる
	作業の効率化によって負担が軽減される
保護者	自分の子どもの日々の学習状況がわかる
	進路相談などがデータをもとに検討できる
教育機関などの組織	よりよい教育改善、学習支援ができる
	カリキュラムや教育方針の最適化が図れる
	効果を目に見える形で把握できる
地域・国・社会	政策の提案や評価に反映できる
	学問の発展に役立つ

こともできるようになるでしょう.

　このように，客観的なデータに基づいて自分に適した学びができることが，学習者にとっての最も大きなメリットになります．苦手の原因を明らかにし，学習者に適した教材を選び,理解できるまで支援する.そんなオーダーメイドな学習も夢ではありません.

・学習活動の記録を残すことができる

　自分の学習活動をデータとして残せること自体がメリットの1つです．海外では就職の際に，大学での学習の記録をまとめたeポートフォリオを提出させる企業もあり，大学側でもeポートフォリオを整備するようになっています．日本でも今後，同じような流れになって

いくと思われます.

　それは大学での学習に限ったことではなく，小中高校での学習も社会人になってからの学びもすべて含めた「生涯にわたる学びの記録」を蓄積していくことにつながります.たとえば，大学に入学したときに，新入生が高校時代に何を学習したのかをデータとして入手できれば，大学の教員はそれに基づいた効率的な授業ができるようになるでしょう.実際に，高校時代の学習活動をeポートフォリオとして記録し，大学入試時に利用しようという動きも活発になっています.いつ，何を，どのように学んだかをデータで残すことは，今後も大切になってくるでしょう.

・夢の実現に向けた学びの方向性がわかる

　将来，すべての人の学びの記録が蓄積されるようになれば，さまざまな分野で活躍している人たちが，過去にどのように学習してきたのかがわかるようになるでしょう.また，自分がどんな分野に強いのかも早い時期から把握できるようになるはずです.これらのデータを手掛かりに，夢の実現のために自分がこれからどんなことを学ぶべきか，その道筋もわかるようになるかもしれません.これについては，第5章で改めて紹介します.

（2）教員にとってのメリット
・よりよい学習支援と授業・教材の改善ができる

　学生一人ひとりにきめ細かな指導が行えること，教材

14

作成や授業設計のための的確なヒントを得られること
は，教員にとって大きなメリットでしょう．ある問題に
つまずいている学生が何を理解できていないのか，どん
な練習問題を解けば理解が進むのかがデータによって明
らかになれば，今より効果的な指導を行えるはずです．
これまでは教員個人の経験や勘に頼るしかなかったこと
も，客観的なデータに基づいて行えるようになります．

・評価に対して根拠のある説明ができる
　学生に成績表を渡すときに，なぜこの成績なのかを
データに基づいて説明できます．学生にとっても自分の
成績の根拠がわかるため，その後の学習に役立てること
ができるでしょう．

・作業の効率化によって負担が軽減される
　現場の教員は，テストの採点や日誌へのコメントな
ど，授業以外の作業に多くの時間を費やしています．教
育ビッグデータはこれらの作業を自動化し，教員の負担
を軽減することにも役立てられます．ある程度パターン
化すれば，テストを自動で作成，採点することもできるよ
うになります．成績も自動でつけられるでしょう．実際に
どの作業にどのくらいの時間が割かれているのかを詳細に
調べる必要がありますが，中学校や高校においては約20%
の作業が軽減されると期待されています．作業が軽減でき
れば，空いた時間を生徒指導にあてるなど，教員にしかで
きないことに時間を使えるようになります．

（3）保護者にとってのメリット

・自分の子どもの日々の学習状況がわかる

　自分の子どもが学校で日々何を学び，何に興味を持ち，何につまずいているのかがわかるようになります．子どもとのコミュニケーションが増えることにもつながっていくでしょう．

・進路相談などがデータをもとに検討できる

　進学する高校や大学を決めたり，高校で理系か文系かを選んだり，そうしたさまざまな場面において，教員，学習者，保護者が蓄積されたデータをもとに話し合えるようになります．それぞれの選択肢に進んだ場合，将来どうなるかを人工知能（AI）が予測して，議論をしやすくすることもできるようになるでしょう．

（4）教育機関などの組織にとってのメリット

・よりよい教育改善，学習支援ができる

　よい授業や効果的な学習支援を行っているという実績や評判は，教育機関にとって大きなメリットになります．データを蓄積して分析することで教育を改善し，よりよい教育環境を整えることができます．

・カリキュラムや教育方針の最適化がはかれる

　カリキュラムや教育方針を改善する際に，データの分析結果を参考にできます．

・効果を目に見えるかたちで把握できる

　学内に PC や何かのシステムを導入した場合，それによってどれだけ学習効果が上がったのかを目に見えるかたちで把握できます．そのため，教育の改善策を客観的に検討することができます．

（5）地域，国，社会にとってのメリット

・政策の提案や評価に反映できる

　さまざまなところで蓄積されたデータを 1 つに集約できれば，政策の提案や評価をする際に分析結果を反映させることができます．

・学問の発展に役立つ

　教育や学習に関わるオープンデータ*6 を利活用できれば，学習者を多面的に分析することが可能になり，教育に関わる学問の発展につながります．

2．ラーニングアナリティクスの定義とプロセス

「ラーニングアナリティクス」とは何か？

　ラーニングアナリティクス（以下，LA）とはいったい何か，もう少し詳しく見てみましょう．その定義はさ

---

*6　オープンデータ：著作権や特許などの制約なしに利用・再掲載できるものとして，全ての人に公開されているデータ．

Column ② ラーニングアナリティクス誕生の経緯

　コンピュータを使って教育や学習を支援できない
か——それはコンピュータが誕生したころからすで
に考えられていたことでした．最も初期に開発され
たのは，CAI（Computer-Assisted Instruction：
コンピュータ支援教育）と呼ばれ，計算問題を解く
と自動で採点されるドリル的なものから，学習者の
理解度に応じて段階的な学習ができるものまで広く
利用されました．

　1995 年に Windows95 が発売されると，これ
まで一部の人たちのものだった PC が一気に広まり，
学校や一般家庭でも使われるようになりました．普
及した PC には CD-ROM ドライブが標準で搭載さ
れていたため，CD-ROM 教材を使った学習が広まり
ました．画像，動画，音声などのマルチメディアを
活用した学習ができるようになりましたが，教材の
内容を更新したり，受講者の学習状況を管理したり
することはできませんでした．

　2000 年代にインターネットが普及すると，学習
者自身がサーバに直接アクセスして学習することが
一般的になりました．このようなオンラインでの学
習は「e ラーニング」と呼ばれ，新しい学習形態とし
て浸透していきます．デジタルコンテンツの教材配
信や，学習進捗状況の管理機能を持つ LMS は多くの
大学に導入され，学生たちは自分の ID で LMS にロ

グインして学習するようになっていきます．これによって，いつ，どのページにアクセスし，どんな学習をしたのかといった学習の履歴が，学生のIDごとにサーバに残るようになりました．

　サーバに蓄積されるログは，もともとシステム障害や不正アクセスなどの異常があったときに状況を確認するために使われる程度で，勝手にたまってしまうゴミのようなものといった認識でした．ところが，オンラインショップなどがユーザの購買履歴や閲覧履歴のデータとしてログを活用し始めると，ログに対する認識が変化し，さまざまな分野においてログを活用する動きが生まれます．

　教育においても同様です．2012年，世界中からアクセスできるMOOCがアメリカを中心に爆発的に広がり，大勢の学習者が講座にアクセスするようになりました．それによって膨大なログが学習履歴としてサーバに蓄積されるようになると，この学習ログに注目が集まり始めたのです．こうして，学習ログを解析して教育の改善に役立てたいという意欲を持った教員や研究者たちによって，LAが誕生しました．

表 1-3　LA の定義

対象とするデータは	学習者とその背景に関するデータ
何をするのか	データを測定，収集，分析し，フィードバックを行う意
何のために	学習とその学習が生じた背景を理解し，教育や学習を改善するため
だれのために	学習者のため，教員のため，教育機関などの組織のため

まざまですが，2011 年にカナダで開催された LA の国際会議 LAK（Learning Analytics and Knowledge）で提唱されたものが一般的とされています．それによれば，LA とは「学習と学習環境の理解と最適化のための，学習者と学習者コンテキスト（背景）についてのデータの測定，収集，分析，レポート（フィードバック）」ということになります．

　LA が対象とするデータは，学習者の学習行動だけではありません．その学習行動が生じた背景や理由，状況などの周辺情報も合わせて扱います．これらのデータを収集して分析し，レポート（フィードバック）を行うのが LA ということになります．その最大の目的は，学習とその学習が生じた背景を明らかにして，学習や教育を改善すること．分析した結果は，組織のために役立てるというより，学習者，そして教員を支援することを第一に考えていることも大きな特徴です．

　つまり，LA とは「情報技術を用いて学習者や教員か

1. データを収集して蓄積する
2. データを分析する
3. 学習者や教員に分析結果を
   フィードバックする
4. フィードバックの効果を
   評価し，改善する

図1-2　LA の 4 つのプロセス

らどのようなデータを取得して，どのように分析し，ど
のようにフィードバックすると，学習や教育がどのよう
に促進されるのかについて研究する分野」と理解してい
ただいてかまわないでしょう．

LA の 4 つのプロセス

　実際に LA は，どのような手順で行われるのでしょ
うか．「アナリティクス」というと，どうしても「分析」
だけに注目が集まりがちですが，LA の場合には次の 4
つのプロセスをすべて行います．

　このプロセスは 1 回で終わりではありません．1 から
4 まで進めたら，また 1 へ，というように何回も繰り返
します．単なるデータの解析にとどまらず，実際に教育
の改善につなげたいという研究者たちの思いが，LA の
前提にはあるからです．そのため，データの解析結果を
学習者や教員に伝えて教育を改善し，さらにデータを集
めて分析し……というサイクルを回していくことが LA

にとっては重要です.

　では，1から4のプロセスを順に見ていきましょう.

（1）データを収集して蓄積する

　表1−1で紹介したように，LA では学習活動におい
て生成された多様な教育データを用います.大学の場合，
LA に関わるおもなシステムとしては，LMS，教務シス
テム，e ポートフォリオ管理システムがあります.

　LMS のデータベースには，授業で使用している教材
データのほかに，だれが，いつ，どのページにアクセス
したか,どんな活動（教材ビデオの視聴,ディスカッショ
ンボードへの書込み，レポート課題の提出，小テストの
受験など）をしたか，どこまで学習したかなど，学習の
プロセスを記録した学習ログが蓄積されています.　教務
システムには，授業のシラバスや学生の成績，履修した
科目名，担当教員，時間割などのデータや，教員や学生
の個人データが含まれます.　e ポートフォリオ管理シス
テムには，提出したレポートや授業アンケート，日誌,
教員からのコメント，課外活動の記録など，学生が自分
で作成したさまざまな記述データが含まれます.

　このように,複数のシステムがあって,それぞれにデー
タが蓄積されます.　そこにはシラバスや成績のように特
定の期間に登録される静的なデータもあれば，LMS の
学習ログや図書館の入退データのようにリアルタイムで
蓄積されていく動的なデータもあります.　こうした多様
なデータをすべて集めて LA を行います.　テストの点数

や成績のような単に結果を示すデータだけでなく，どのようなプロセスでその結果になったのかという，結果に至るまでのプロセスをすべて蓄積することが大切です．それによって，学習プロセスのどこを改善すればよいのかを分析できるようになるのです．

また，学習の中で無理なく自然にデータが集まるよう
にしなくてはいけません．たとえば，学習中の脳活動を
調べるために MRI の機械に入って学習するといった不
自然な集め方は，研究段階では行われたとしても，実際
に授業を受ける状態とは異なるため実用にはなりませ
ん．LA の場合，最終的には教育現場での利用が期待さ
れていますから，より現実に近い状況で，教員や学生の
負担にならないデータの取り方を考える必要がありま
す．

（2）データを分析する

　集めたデータをさまざまな手法を用いて分析します．
コンピュータ技術の発展によって，統計的な方法をはじ
め，マシンラーニング（機械学習）やクラスタ解析など，
データ分析の技術も多様になっています．どの方法を用
いて分析し，どのように出力すれば効果があるのかを考
えながら分析します．

　実際には，過去の学習行動を振り返り，何が起こった
のかを分析したり，今まさに起きていることをリアルタ
イムで可視化したりします．大切なのは，分析結果を表
やグラフで表し，目に見えるかたちにすることです．そ
うすることで，教員や学習者にわかりやすく示すことが
できるからです．

　そのうえで，学習者の行動のパターンからシミュレー
ションを行い，将来はこうなるかもしれないと予測を立
て，解決策を検討することが非常に重要です．たとえば，

今までの学習状況から単位を落としそうな学生や退学しそうな学生を予測し，どうしたらそれを止められるかを考えます．過去や現在の学習状況を可視化するより，未来を予測するほうが当然難しいため，その分析結果の価値は高くなります．

これまでは，この「予測する」というところも，教員の個人的な勘や経験に頼るしかありませんでした．LAでデータに基づいた情報を提供できるのは，効果的な学習支援を安定して行ううえでの大きなメリットになります．

（3）学習者や教員へ分析結果をフィードバックする

データを分析した結果を学生や教員にフィードバックするのが，LAの大きな特徴です．分析結果に基づいた学習方法を提示したり，学習効果が高い教材を薦めたりするのもフィードバックの1つです．分析した結果をどのタイミングで返せば効果的かを調べる研究も行われています．

スマートフォンが普及している現代，学生に対するフィードバックはモバイルアプリを介して気軽に見られることが重要でしょう．特に単位を落としそうな学生や留年しそうな学生に対しては，単なる分析結果のお知らせではなく，学生が自分から行動を変えるような説得力のある働きかけが必要です．こうしたフィードバックの方法についても検討されています．

LAの目的は教員が授業を改善すること，そして学習者が学び方を改善することです．そのためのフィード

バックであり，フィードバックを教員や学校が共有しな
がら教育の質を高めていくことを目指しています．

（4）フィードバックの効果を評価し，改善する

　フィードバックを返せば，それで終わりというわけで
はありません．フィードバックによって学習方法や授業
内容の改善に本当につながったのか，その効果を評価す
ることも重要なプロセスです．

このように4つのプロセスを行いながら，データの集め方，分析の手法，フィードバックの方法など，各プロセスをその都度評価し，改善していきます．このプロセスを何度も繰り返し，それぞれの手法を洗練させていきながら，よりよい教育の実現を目指すのがLAであるといえるでしょう．

LA が注目されているのはなぜ？

　LAが注目される背景には，大きく3つの理由があると考えられます．

　1つ目は，コンピュータの技術が高度化したこと．コンピュータの処理スピードは上がり，クラウド環境やデータ分析技術も大きな進歩を遂げています．その結果，膨大な量のデータを収集し，それを高速で処理できるようになりました．高性能なコンピュータを，個人で安く買えるようになったことも大きいでしょう．だれもが日常的にPCや携帯端末を使って学習する環境が整ったことで，学習ログの収集が容易にできるようになったのです．

　2つ目は，教育の情報化によって，教育や学習に関するデータが大量に生成され，取得できるようになったことです．最近では，ネットワークにつながったシステムを利用して授業が行われることが多くなってきました．PCを持参して授業を受けるBYODを実施している大学も出てきましたし，小中高校にもタブレット端末が導入され始めています．それにともない，学習者の学習ログが大量に蓄積されるようになったのです．

3つ目は，教育を大きく変革する必要性が以前にも増して高まってきたことでしょう．社会や学校教育を取り巻く状況が多様化し，これまでのように教員がただ一方的に知識を教え，学習者はそれを暗記してテストでよい点をとるという教育は，時代にそぐわなくなっています．また，AIやロボットの急速な発展など，社会全体が驚くべきスピードで変化している今，学校で教わった知識がすぐに古くなって使えなくなるということが，現実として起こりえると考えられます．

　こうした新しい時代を生き抜くために必要なのは，今何が問題なのか，どのように解決すればよいのかを主体的に考え，あふれる情報を取捨選択しながら問題を解決する力でしょう．そうした人材を育てるためには，ただ知識を覚えるのではなく，どのように学習に取り組んできたかが大切になるはずです．その人ならではの資質を見出し，一人ひとりに適した学習支援を行うことも重要です．そこで，蓄積されたデータを用いて教育の質を向上させ，一人ひとりをきめ細かくサポートする，新しい教育への期待が高まっているのです．

LAによる新しい教育の可能性

　学校教育というシステムが始まった明治時代から今日まで，教育の現場ではつねに紙と鉛筆が使われてきました．しかし今，タブレット端末などのICTを使った学習が当たり前になる時代へと，教育は大きく変わろうとしています．ただ，メリットとして注目されているのは，

BIG DATA

AI

タブレット学習

社会の変革

文字や写真を拡大できるとか，映像が出せるといった機能面における便利さばかりで，蓄積される学習ログを教育改善に活用しようという話はまだほとんど聞かれません．これでは，紙と鉛筆の時代の教育をそのまま ICT を使った教育に焼き直しただけで，単に道具が便利になっただけにすぎません．せっかく ICT を使うのですから，デジタルでなければできないことをすべきでしょう．

　LA による教育の改善は，まさにデジタルだからこそできることです．これまでも，アンケートや聞き取りをもとに教育の改善は行われてきました．ただ，この方法では学習者の満足度や成績を知ることはできても，学習者がいつ，どのように学んだのかという学習のプロセス自体を知ることは不可能でした．LA はその学習のプロセスを含めたデータを分析するわけですから，思いもよらない教育のかたちや学習の方法が見えてくる可能性が高いのです．

　実際に学習ログを分析すれば，学習者がどのように学習したか詳細に追跡することができます．学習者がいつどの単元でつまずいたのか，どこに興味を持って学習したのかなど，多くのことがわかるようになります．一方，教員も，どのような授業をすれば理解しやすいのか，どういう教材を使うとわかりやすいのかなど，客観的な改善ができるようになります．LA はこれまでの教育を，根本から変える可能性を秘めているといえるでしょう．

第 2 章

ラーニングアナリティクスは
どこまで進んでいるか？

近年，注目を集め始めているラーニングアナリティクス（LA）．研究はどこまで進み，実際にどんなことができるのでしょうか．第2章では，国際的な研究の動向と実践例を紹介します．また，日本国内における研究の現状も合わせて紹介します．

1.　国際的な研究の動向

世界的な関心の高まり

　欧米では2010年ごろから，教育ビッグデータの利活用を目的としたLAへの関心が高まり，LAK（Learning Analytics and Knowledge）やEDM（Educational Data Mining）と呼ばれる国際会議が開かれるようになりました．

　LAKは，SoLAR [*1] と呼ばれる学会が主催するLA分野の代表的な国際会議で，2011年以降，毎年開催されています．先進国だけでなく，アフリカやラテンアメリカなどの発展途上国からの参加もあり，参加人数は年々確実に増えています．2018年には，32カ国から362人（そのうち学生70人）が参加しました．世界各国から集まった研究者たちが，さまざまなテーマについて議論する，今いちばん注目すべき国際会議です．論文の投稿数も年々増加しています．

---

*1　SoLAR：Society for Learning Analytics Research の略．2011年に設立されたLAの国際学会で，国際会議LAKを毎年主催しています．

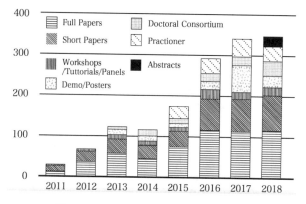

図 2 - 1　国際会議 LAK の投稿数の推移

投稿数は年々増加し，フルペーパーとショートペーパーの採択率は約30％です

　EDM はデータ分析を中心とした国際会議で，機械学習や計算機のアルゴリズムの応用に重点が置かれています．2008 年以降毎年開催されており，2011 年には国際学会 IEDMS（International Educational Data Mining Society）が設立されています．

　そのほかにも，ICCE（International Conference on Computers in Education）と呼ばれる国際会議で，LA のトラックが設けられるようになっています．LAK や EDM がおもにアメリカやヨーロッパを中心に開催されているのに対し，ICCE はアジア太平洋地域を中心に開催されているのが特徴です．この地域には，中国やインドのような人口の多い国々が含まれるため，ビッグデータにするときの効果が高く，注目されています．

最新の研究で行われていること

（1）生体データなどを用いて心の状態を分析

　最近注目されているホットな研究を紹介しましょう．
1つは映像や音声，テキスト，生体情報などの多種多様
なデータを利用した「マルチモーダルLA」と呼ばれる
研究です．

デジタル教科書や学習管理システム（LMS）の学習履歴データ（学習ログ）に加えて，たとえば教室内での教員と学生の音声対話や映像データ，黒板やノートなどの手書きデータ，ウェアラブルセンサを用いた視線やジェスチャーなどの身体活動データ，学習時の脈拍や発汗，脳波などの生体データといった多様なデータを用い，学習者の理解や心的状態を推定したり，教え方や学び方のパターンを分類したりする研究が行われています．

　こうした試みが成功すれば，授業にどのくらい集中しているか，眠くなっていないか，理解できているかといった学生の心の状態を教員が把握できるようになり，よりていねいな説明や学習意欲を高める工夫ができると期待されています．また，教員や学生がどのような状況で，どのような教え方や学び方をすれば効果的か，あるいは効果的でないかといった知見がすでに蓄積されつつあります．

　スポーツの世界では，映像やセンサなど，さまざまなデータを活用したトレーニングが活発に行われています．同様の手法をほかの分野にも適用するのは，自然な流れでしょう．実際の授業の中でどういう方法でデータを計測するのかなど，まだ研究段階ではありますが，教育現場における学習状況を詳しく知るためのセンサを広げることにつながるため，たいへん注目されています．

（2）未来に向けてエビデンスを蓄積

　もう1つ，研究の成果をエビデンス（科学的根拠）と

して蓄積しようという試みがあります．医療の分野では「エビデンスに基づく医療（Evidence-based Medicine）」が新しい時代の医療のあり方として重要視されています．医師の直感や経験ではなく，どういう患者にどういう治療をするとどういう結果になったか，というエビデンスに基づいて最適な医療を行おうというものです．

教育の分野についても同様に，どういう学生に対してどういう教育をし，どういうフィードバックをしたら，どういう成績になったのかをエビデンスとして蓄積しようとしています．それを国レベルで共有することで「エビデンスに基づく教育（Evidence-based Education）」の実現を目指しています．

現在，教育工学などの研究者と教員などの実践者，国や教育委員会にいる政策立案者は，お互いに連携がうまくできているとはいえません．研究者は教育現場の日々の活動の中で起きている問題点を，教員とあまり共有できていないかもしれませんし，現場で働く教員は，最近の研究成果や政策の方針についてあまり知らないかもしれません．また，政策立案者は最先端の研究内容や現場での問題点を共有できていないかもしれません．

このような問題を解決するためには，研究成果や教育現場での問題をエビデンスとして蓄積し，共有することが非常に重要になります．それによって，研究者は教育現場で起きている問題点について解決策を提案し，教員がそれを教育現場で検証して，その結果をエビデンスとして登録します．共通の問題や効果的な解決策が数多く

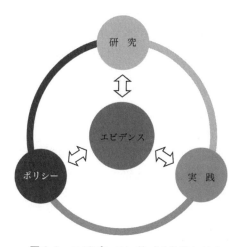

図 2-2　エビデンスに基づく教育とは？

エビデンスを蓄積・共有し，研究者，教員，政策立案者がうまく連携しながら最適な教育を目指します．

あれば，政策立案者が政策として，その地域や国全体に広めることができるようになります．政策の実施後には，教育現場でデータを取得して，その評価を行うこともできるようになるでしょう．

　現在，インドや台湾，香港など，さまざまな国を巻き込んで研究が始まっており，インドの大学ではすでに14 人の教員と 1,100 人の学生が参加しています．また，台湾のアジア大学でもエビデンスを蓄積するために共通の e-book システムを 40 人の教員と約 1 万人の学生が利用しています．

多岐にわたる研究テーマ

これらの研究以外にも，さまざまな分野の研究者がさまざまな角度からアプローチを試みています．その中からおもな研究テーマを紹介します．

（1）行動を予測する

教育・学習活動において蓄積されたデータをもとに予測モデルをつくり，学習者の行動を予測する研究です．退学しそうな学生や単位を落としそうな学生を予測したり，成績を予測したりすることができます．

（2）効果的な介入

分析した結果をいつ，どこで，どのような方法で学習者に伝えたら最も効果的かというフィードバックについての研究です．フィードバックを効果的に返すことで，授業の改善や学び方の改善を促し，教育の質を高めるのが目的です．

（3）推薦する

学習者一人ひとりの特性に合わせて，教材や問題，カリキュラムなどを推薦するしくみを研究します．学習者の学習ログをもとにお薦めの教材を推薦するだけでなく，学習者が間違いやすい単元や弱点を分析して，それを克服するための教材や問題を提示する方法も研究されています．

学習者ごとに最適な教育を個別に推薦するためには，

教材やカリキュラムを細かく分け，柔軟に組み合わせられるようなしくみも必要です．細かく分けた要素をその人に合うように組み合わせられれば，結果としてオーダーメイドな教育を実現することができるでしょう．この「細かく分ける」ということも研究テーマの1つです．

（4）教員の教え方を分析する

学習する側だけでなく，教える側のデータを分析する「ティーチングアナリティクス」と呼ばれる研究も行われています．教員の身振り手振り，視線などのデータをセンサを使って取得し，学生の反応も含めて分析します．講義のスピードと学生が見ているデジタル教科書のページが連動しているかどうかも参考になるでしょう．分析によって見えてくる上手な教え方を授業に取り入れることで，授業の総合的な改善につなげます．

（5）教育評価を自動化する

収集したデータの分析をもとに，学習者の成績を自動でつける研究です．大規模公開オンライン講座（MOOC）のように受講者が多数いる場合に非常に有効です．また，教員がアナログで評価しているときには気づかなかったことを，コンピュータでなら汲み取れることもあるでしょう．この研究が進めば，今まで見えなかった生徒の努力や，教室では目立たない生徒の意外な才能を数値化するなど，成績をつける際のサポートができるようになります．

（6）学習者の状況をリアルタイムで分析する

　デジタル学習環境を活用した対面式の講義で，LA を
リアルタイムに実践しようという研究です．学生の状況
をリアルタイムで分析して教員にフィードバックし，学
生に対して理解を深めるための支援を行うことを目指し
ています．

　データをリアルタイムに集めるにはどうしたらよい
か，データ処理をどのようにしてリアルタイムに行うか
など，技術的な問題もあります．また，刻一刻と変わる
情報を，教員はずっと見ていられるわけではありません．
教材の説明などで忙しい教員に対して，いかにさりげな
く情報をフィードバックするかも研究されています．

（7）学習者モデルをオープンにする

　学習者モデルとは，個々の学習者がどういう知識をど
こまで理解し，習得したか，どこでつまずいているのか，
などを表すモデルのことです．学習者モデルはシステム
内に閉じていて見ることはできないものですが，それを
学習者に見えるかたちで提示し，フィードバックしよう
という研究です．

　たとえば，退学の予測をした際に単に警告を出すだけ
でなく，「このままだとこういう軌跡をたどって最終的
に退学するリスクがあります」と現状をすべてオープン
にすることで，学習者の行動を促します．学習者への見
せ方はもちろんですが，学生がつまずいている箇所をシ
ステムがどうやって把握するか，モデル自体をどのよう

につくるのかも研究のテーマです．

　そのほかにもさまざまなテーマが研究されています．LA は急速に進化しているため，研究テーマもダイナミックに変わっていきます．先に紹介した国際会議 LAK でも，毎年バラエティに富んだ研究テーマが発表されており，LA が非常に話題性のある研究分野であることがうかがえます．

2．「LA 先進国」で行われていること

　アメリカ，イギリス，ノルウェー，オーストラリアなどでは，高等教育機関を中心に LA の研究・実践がさかんに行われており，すでに一定の成果が出始めています．こうした「LA 先進国」では実際にどんな取組みが行われているのか，その実例を見てみましょう．

アメリカ——各大学が独自に LA を実践

　よりよい意思決定のためには，よりよい情報が必要であるという考え方のもと，2005 年に教育省が州ごとに時系列データシステム（Statewide Longitudinal Data Systems：SLDS）の導入プログラムを開始しました．小中高校を中心に，履修科目や成績などの教務データを収集しようというものです．開始当時はまだコンピュータも今ほど普及しておらず，「ラーニングアナリティクス」という言葉もありませんでした．そうした時代に，

まず成績のデータをエクセルなどで集めることから始めました．プロジェクトに参加した州には助成金が支払われ，参加する州は順調に増えていきました．

2017年には50州が参加し，アメリカのほぼ全土からデータが集まるようになりました．現在，このデータをもとにさまざまな研究が行われています．授業で教える内容や政策を決める際にもこのデータが利用されます．どんなことにも科学的な根拠を求めるのは欧米人の国民性なのでしょう．データに基づいて意思決定を行うことは，人々にごく普通に受け入れられているようです．

こうした下地があって，大学におけるデータ収集はあまり行われてきませんでした．しかし，2011年にLAの学会SoLARが設立されると，各大学でデータを集めて分析しようという動きが高まりました．2012年以降，ミシガン大学，スタンフォード大学，フェニックス大学，コロラド州立大学，アリゾナ州立大学など，多くの大学にLAのセンターが設置され，組織的に大学内の教育・学習活動のデータを収集し，研究や実践が行われるようになりました．アメリカでは，それぞれの大学が独立してLAを行っており，そのノウハウやツール，データ，エビデンスを共有するために，UnizinやLearnSphereというコミュニティサイトを立ち上げています．

各大学における研究には，次のようなものがあります．パデュー大学では，LMSで収集したデータから学生の学習状況を予測し，フィードバックを行うコースシグ

ナルシステム（CSC）が開発されています．2007 年から全科目の成績，LMS の利用状況，LMS における評価，レポートの提出状況，スケジュールなどのデータをもとに，退学や留年のリスクを示すスコアが算出され，リスクの高い学生にはメッセージを送るなど積極的な介入が行われています．2010 年には約 24,000 人の学生を対象に，リスクのある学生への自動フィードバックを行いました．その結果，最終成績が A と B の学生は 10.37％増加し，D と F の学生は 6.41％減少しました．また，大学 1 年生の継続率は，システムを利用しないグループは 81.69％，システムを利用したグループは 96.25％ でした．学生の 89％ がシステムに好意的で，74％ が意欲を高める効果があると回答しています．

マリスト大学では，単位を落としそうな学生や退学しそうな学生を LA で予測し，メッセージを送るなどの介入をはかりました．この取組みによって，最終成績が 6％ 上昇したという結果が得られています．

そのほか，成績が高い学生は LMS を利用し，成績が低い学生は 40％しか利用していないという報告（メリーランド大学）や，退学した 74％の学生が LA のシステム上で予測できたという報告（ニューヨーク工科大学）も見られます．

ミシガン大学では，2016 年に Michigan Institute for Data Science というデータサイエンスのセンターが設置され，医療，交通，教育，社会データを集約しています．このプロジェクトには 5 年間で約 1 億 1,000 万円の予算

がつけられ, 25 の大学でデータを共有, 連携することで, 新しいビジネスやベンチャーの創出を目指しています.

ヨーロッパ——国レベルで LA を推進

ヨーロッパでも 2016 年ごろから, LA のセンターが次々に設立されています.

イギリスでは, オープン大学やエジンバラ大学が先駆的に LA を行っています. また, イギリスの情報学の拠点であり, 日本の国立情報学研究所にあたる英国情報システム合同委員会 (JISC) は, 2014 年から 2017 年にかけて, 50 以上の大学に対して LA の情報基盤システムを整備, 提供しています. これは国が予算をつけて行ったプロジェクトで, 現在ではそれぞれの大学において LA が実施されるようになっています.

ノルウェーでは, 2016 年にベルゲン大学に SLATE (Center for the Science of Learning & Technology) というセンター組織が設立され, 国レベルで LA を推進しています. 学術情報ネットワークを運営している UniNETT が, すべての大学に対して LMS を提供し, LA の基盤システムの開発を行っています. UniNETT は大学入試もオンラインテストで提供しているため, この LA 基盤が整備されれば, 入試の成績から大学の LMS で学んだ履歴など, 卒業までのすべての教育データを集中して蓄積できるようになります. さらに, 小中高校についてもデータの収集が始まっており, 小中高校から大学まですべてのデータを集めて分析しようとして

います.

　データを収集・分析する対象は，個々の授業だったり，学部や学科レベルだったり，大学全体，国全体だったりとさまざまです．それぞれのレベルに合わせて，集めるデータの範囲や利活用の方法に関するポリシー*2 を決めておく必要があります.

　ヨーロッパには DELICATE や SHEILA という LA ポリシーについての研究プロジェクトがあり，SHEILA では教員，学生，学校管理者などの利害関係者がコミュニティをつくって，LA ポリシーについて議論しながら，改善していく枠組みを提案しています.

オーストラリア──国策で LA プロジェクトを実施

　オーストラリアにとって教育は，鉱業，観光産業に次ぐ第3の産業と位置づけられています．海外向けにオンライン教育を提供したり，留学生を積極的に受け入れたり，教育には非常に力を注いでいますが，こうした教育の質を保証し，それを高めるような枠組みが必要とされています．そのため，オーストラリアでは世界中から LA の研究者を集めて，国策として重点的に LA のプロジェクトを行っています.

　たとえば，2014 〜 2015 年にはオーストラリアの6つの大学が参加して，オーストラリアの大学における LA

---

*2　ポリシー：セキュリティーポリシーやプライバシーポリシーのように，組織としての方針を文書にして公開したものを指します.

の現状と今後の方向性についてレポートをまとめました. そのうえで, LA を組織的に導入する際の重要なポイントについて議論しています.

このように, LA 先進国では, より実践的なデータ解析へと研究が展開しています. データをただ集めて分析するという段階から, LA の新たな可能性に挑戦しようという段階にすでに入ってきているといえるでしょう.

3. 日本国内での広がり

一方, 日本国内での取組みは, どの程度進んでいるのでしょうか. 残念ながら, 世界に比べると日本は大きく遅れをとっているといわざるをえません. しかし, 日本の研究者たちの LA に対する関心は非常に高く, 個人による研究も活発に行われています. 2013 年ごろからは, LA に関するセッションやシンポジウムが各地で開催されており, 毎回たいへん盛況です. 日本国内での研究の現状を簡単に紹介します.

大きな関心を寄せる研究者たち

日本教育工学会, 電子情報通信学会, 情報処理学会, 教育工学会, 教育システム情報学会など, 教育工学や情報科学の学会において, LA 研究への注目度が高まっています. 教育現場のデータを研究者が手にすることで, 今まで研究できなかったテーマを研究できるようにな

るからです．学習のプロセスや教えるプロセスがすべて
データとして記録されるのですから，人がどのように学
習して成長していくのかといった教育の理論を詳細に検
証することができるでしょう．もっと効果的な理論を発
見できるかもしれません．LA によって，これまでわか
らなかったことが明らかになるだろうと，研究者の間で
は非常に注目されています．研究も活発に行われており，
学会での発表も増えています．

　ただ，研究者の関心は非常に高いのですが，肝心の教
育現場への情報通信技術（ICT）の普及には地域差があ
り，まだ機器が行き渡っていないのが現状です．また，
ICT を使って授業をすることに慣れていない教員も多
く，LA の取組みが日本全国に広がっていくのはもう少
し先になりそうです．

少しずつ進む大学における取組み

　2013 年，岡山大学は岡山市の公立中学校の全生徒を
対象に，教育データを使って学習効果を可視化する長期
的な学習実験を行いました．一人ひとりの生徒がドリル
学習のどの問題をどの程度身につけたかを測定し，成績
の変化を個別に描き出すことに成功しています．成績が
悪かった生徒が着実に力をつけていく様子も可視化さ
れ，教員から生徒に個別にフィードバックができるよう
になるなど，成果が上がっています．

　京都大学では，学習支援システム「PandA（Sakai）」
を利用し，いくつかの講義で LA の枠組みを使っていま

Column ③ タブレット端末を使った持ち帰り学習を分析

　2015 年，京都大学学術情報メディアセンターは京都市教育委員会と連携し，京都市立西京高等学校附属中学校において，1人1台のタブレット端末を活用した持ち帰り学習の実証研究を行いました．

　生徒はタブレット端末を使って学習するだけでなく，問題を解く際にはデジタルペンを使って手書きで解答します．デジタルペンの軌跡から，最終的な答えだけでなく，解答までの時間や手順，書直しや書足しなど，答えを出すまでのプロセスもすべて学習ログとして扱うことができるのです．こうして取得したデータから生徒の学びを分析し，一人ひとりの個性や状況に合わせたオーダーメイド学習を確立して指導に役立てるのがねらいです．

　生徒がどういうプロセスで問題を解いているかを，アニメーションで再現することもできます．公開授業ではアニメーションを再生しながら，「ここに式を足す必要がある」とか「この箇所でつまずいた」など，学習のプロセスを振り返りながら授業を進めていました．

　教科書，ノート，鉛筆……と，学習に使う道具をデジタル化することで，学習や教育のプロセスがよりはっきり見えるようになります．さらに電子黒板を使えば，教員が黒板に何を書いて教えたか，生徒がそれをタブレット端末にどう写したか，写し方の

違いが成績に結びついているかなど，もっと多くの
ことがわかるようになるでしょう．

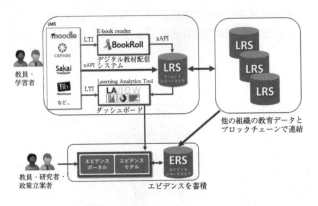

図 2-3　京都大学の LA システム

す．大学の場合，Moodle や Sakai，Blackboard といっ
たさまざまな種類の LMS が利用されているため，どの
LMS であっても容易に導入できるように，特定の LMS
に依存しない LA の基盤システムが開発されています．
また，教育データを匿名化（仮名化）して，ラーニング
レコードストア（LRS[*3]）に蓄積するので，さまざまな
研究者がデータを利用しやすくなっています．さらに，
LRS のデータを分析・可視化するダッシュボードの開
発も行っています．
　このシステムは，LMS やデジタル教材配信システム

＊3：LRS：Learning Record Store の略．学習ログを格納するためのデータベー
スのことで，「ログ倉庫」とも呼ばれます．

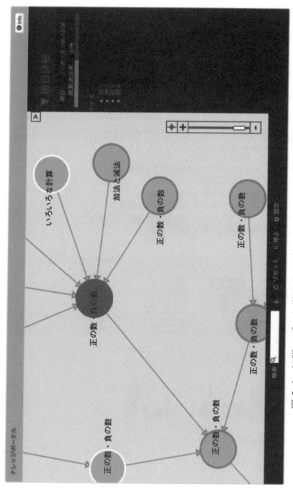

図 2-4　知識モデルと学習者モデルの構築による問題の推薦の例

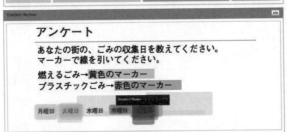

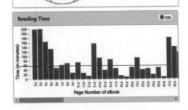

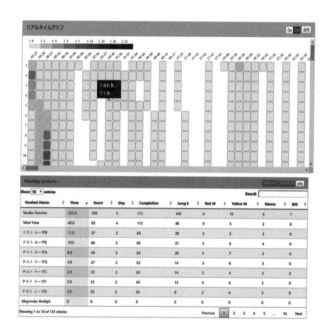

図 2-5　分析結果を表示するダッシュボード

の利用履歴を分析して教員や学生に提示します．たとえば，クラスの全学生が教材スライドに引いたマーカーやメモの内容を1つの教材に重ねて表示したり，ページごとの閲覧時間を表示したりします．また，教員は予復習ができていない学生に対して，メールを送信して学習を促すこともできます．さらに，教材から自動的に知識モデルを構築して，それぞれの学習要素に対する理解度を算出し，どの学生が何をどこまで理解しているかを表す学習者モデルを構築します（図2-4）．システムはそれをもとに，学生にとって適切な問題の推薦を行います．

2017年度後期にサービスを開始し，学内の8コースで利用されました．今後もLAの実践を拡大していく予定です．

最も先進的なのは九州大学です．2013年に学生所有のPCの必携化（BYOD）を実施し，翌2014年からは「M2B（みつば）」と呼ばれる学習支援システムを導入してLAを本格的にスタートさせました．M2Bシステムを使って学習することで，授業の出欠，レポートや課題の提出，授業コース情報，日々の学習・教育活動，デジタル教材の閲覧ログなどのデータが日々蓄積されます．授業中だけでなく，自宅や空き時間などに行った学習活動の記録も集められます．こうして蓄積されたデータを分析して教育改善に役立てようと，2016年に日本の大学としては初めてLAセンターを設置し，全学規模でLAに取り組んでいます．この九州大学の取組みについては，第3

電子教材(スライドなど)

e-Book

e-learning/e-portfolio等

操作ログと
成績等の統合

学び方や教
え方の分析

学習支援
教育改善

図 2-6　九州大学の M2B システムの概要

デジタル教材配信システムに登録された教材を閲覧したときの操作ログ,
LMS や e ポートフォリオのログ, 成績や履修情報などを統合し, さまざ
まな分析を行います. 分析結果は学生や教員にフィードバックされ, 学
習や教育の改善に役立てられます.

章で詳しく紹介します.

　また, すでに多くの大学で IR (Institutional Research),
もしくは IR に似た取組みが行われています. IR とは,
大学の経営改善や教育の質向上のために, 学内のさまざ
まなデータをもとに学校評価を行い, 大学運営に役立て
ようという取組みで, 今後も普及していくと考えられま
す. LA と同じようにデータを集めて分析しますが, そ
の結果を学生にフィードバックするのではなく, 大学の
執行部などに報告し, 大学のブランド力を高めたり, カ
リキュラムの改革を行ったりするために役立てます.

学校評価を行うには当然，学生がどんな成績を収めているか，退学率はどのくらいかなど，学生自身の評価も行います．通常，IR では学生の最終成績だけに注目しますが，最近では学生の学習活動をデータからもっとよく見てみようと，発展的に LA に取り組み始めている大学も出てきています．

日本でも LA は広まるか？

　このように，日本でも先進的な研究や取組みが進められていますが，横への広がりはまだほとんどなく，国際的なレベルに達しているとはいえません．LA を行っている大学もありますが，授業に取り入れ，大学をあげて LA を実施しているところはほとんどありません．日本全体への広がりは，まだまだこれからといったところです．

　そんな中，第 3 章で紹介する九州大学の取組みは突出しています．この先進的な取組みは，実は海外からも高い評価を受けています．BYOD を導入してすべての学習ログを蓄積していること，しかもそれが大学全体で実施されていることは，海外の多くの研究者たちを驚かせます．もちろん海外でも BYOD は行われていますが，学習ログを大学全体で蓄積している例は，先進国といわれる国々でもあまり聞きません．

　このことからいえることは，日本はまだ全体としての LA 導入は遅れているように見えますが，いざ広まったら最先端になれる可能性が高いということです．スマー

トフォンが一気に広がったように，何かのきっかけさえ
あれば，おそらく急速に広がっていくでしょう．現時点
で，すでに各大学には情報基盤センターがありますから，
そこが中心になってLAを進めていけばよいでしょう．
九州大学の取組みを1つのケーススタディとして，ポリ
シーの整備を行い，全国に展開していけるように，現在，
環境を整えているところです．そうやってまず大学から
始め，近隣の小中高校へと普及していくことが期待され
ています．

　また，企業においても，社内教育の改善などのために，
LAに対する関心が高まってきており，一部の研究所や
企業ではすでに独自に取組みを進めています．

　最近では，文部科学省も個別最適化された学びの実現
のために「スタディ・ログ」の蓄積による学習支援の必
要性を指摘しており，教育や学習に関するデータの蓄積
と分析は重要なトピックになっています．今はまだ政策
として進めるまでには至っていませんが，国のバックアッ
プの態勢も少しずつ整ってきているといえるでしょう．

　ただ，LAの導入を検討している大学があっても，そ
れを支援する窓口が今はまだありません．大学の共同利
用機関である国立情報学研究所がその役割を果たし，予
算が少なくても，LAの知識があまりなくてもLAを導
入できるように，さまざまな支援体制をつくっていく必
要があります．そのための取組みについては，第4章で
詳しく紹介します．

第 3 章

九州大学の先進的な取組み

九州大学では，2014 年にラーニングアナリティクス（LA）を導入しました．2016 年には，ラーニングアナリティクスセンターを設立し，大学をあげて学習履歴データ（学習ログ）の利活用に取り組んでいます．全学規模での LA 導入は先進的で，国内外から注目を集めています．いったいどうやって導入を実現させたのでしょうか．どんな取組みを行って教育の改善につなげているのでしょう．第 3 章では，大学における LA 導入の実例として，九州大学の全学規模での取組みについて紹介します．

1．全学規模で LA を導入

学生が自由に PC を使える環境を

　2013 年 4 月，九州大学はすべての学部の新入生（約2,700 名）を対象に，「PC 必携化（BYOD）」をスタートさせました．学生に自分で購入した PC を持ってきてもらい，それを使って授業を受ける体制に切り替えたのです．この BYOD の実現が，大学全体で LA を導入する最初の一歩になりました．

　この当時，すでに入学者の 95％が自分の PC を持っていることが，新入生向けのアンケートでわかっていました．一方，学内の PC の数は 1,000 台ほどしかなく，学生数に比べると圧倒的に不足していました．オンライン教材で先進的な教育を行いたくても，PC が足りなければできません．ほとんどの学生が PC を持っているな

ら，学内の PC ルームを廃止して，自分の PC を授業で活用してもらおうと考えたのです．

　工学部，文学部，法学部，医学部など，幅広い学部を持つ九州大学では，学部や学科によって求められる機種や性能は異なります．PC の仕様を一律にはせず，学部や学科ごとに推奨 PC を指定することにしました．現在，3 学科が Mac を，1 学科が Windows を指定し，そのほかの学科は特に指定なしということになっています．もちろん大学側は，Mac も Windows もどちらもサポートできる体制をとっています．

　BYOD に合わせて，学内の無線 LAN 環境も整備し，ほぼすべての講義室，図書館などで高速インターネットを利用できるようにしました．学生が自分の PC で学内のネットワークに接続するため，最新のファイアウォールを導入し，危険なアプリケーションの利用を遮断する環境も整えました．また，すべての学生が使用する Office やウィルス対策ソフトウェアを無料でインストールできるようにするなど，PC を使う環境を徹底的に整備しました．

　入学式前には講習会も開催し，アカウントの有効化，無線 LAN の接続設定，基本的なソフトウェアのインストールなどを行ってもらいました．入学したらすぐに授業が始まりますから，それまでに自分の PC を使えるようにしておいてもらうためです．

　こうして，すべての新入生がいつでもどこでも自由に PC を使える環境が整いました．それはまた，LA 導入

のための学習環境が一気に整ったともいえるのです.

その後も,毎年新入生を対象にBYODを進め,2018年4月にはついに1年生から医・歯学部6年生までの全学でのBYODが実現しました.

LAを全学に導入

学生が自分のPCを持ってきても,授業で使わなければ意味がありません.BYODの環境が整うと,次はPCを毎回必ず使うような授業の設計を進めました.

ちょうど2014年度から,九州大学では「基幹教育」という新しいカリキュラムがスタートしました.基幹教育とは1,2年生を対象にした共通教育で,受け身ではなくアクティブに学ぶ「アクティブラーナー」の育成を目的としています.この基幹教育の情報系科目で,まずはPCを活用した授業を行うことにしたのです.

当時はまだデジタル教科書もほとんどなく,教員のスライドをデジタル化するところから始めました.また,授業評価アンケートもレポート提出もオンラインで行うなど,授業以外でもPCをフル活用させるようにしました.

2014年10月には,「M2B(みつば)」(後述)と呼ばれるシステムを導入し,情報系の科目においてLAがスタートしました.その後,情報系以外の科目にも展開し,2015年4月からは基幹教育のさまざまな科目で実施しています.

組織の整備も進めました.2016年2月には,大学をあげてLAに取り組むために,日本初のLAセンターを

設立しました．現在，LAセンターは8名の専属教員の
ほか，協力教員12名，職員5名，アドバイザ（大学執
行部の教員と外部の研究者）5名で構成されています．
LAはさまざまな視点での分析が必要なため，情報学，
教育工学，学習科学，認知科学，物理教育学など，幅広
い分野の専門家が連携し，研究と学内運営に力を入れて
取り組んでいます．

2．M2B（みつば）学習支援システム

　九州大学が運用しているのは，「M2B（みつば）学習
支援システム」と呼ばれるシステムです．学習管理シス
テム（LMS）の「Moodle（ムードル）」，eポートフォ
リオ管理システムの「Mahara（マハラ）」，デジタル教
材配信システムの「BookQ（ブックキュー）※1」とい
う3つのシステムを連携させたもので，頭文字をとって
「M2B（みつば）」と呼んでいます．
　このM2Bシステムを利用することで，授業中だけで
なく，講義の空き時間や帰宅してからの学習活動におい
ても自動的に学習ログがたまり，LAを行うことができ
るようになります．現在，全学の学生，教職員約27,000
人が登録し，1億件以上の学習ログが蓄積されています
（2018年11月）．

※1　九州大学では，デジタル教材配信システムとして，2017年3月まで
BookLooper，2019年3月までBookRollと呼ばれるシステムを利用していました．

図 3-1

Moodle のトップ画面に表示される「マイコース」欄. ここに自分が受講している授業の一覧が表示されます.

　M2B システムのおおまかな流れは, 次のとおりです.
まず, 教員が授業で使うスライドやテキストを BookQ
に登録します. 学生はオンラインでいつでもどこでもこ
れを閲覧できます. ページを進めたり, アンダーライン
を引いたりといった操作の履歴は, ログとして記録され
ます. このログと Moodle や Mahara のログ, 成績や履
修情報とが統合されて, さまざまな分析を行うことがで
きるのです. また, その分析結果は学生や教員にフィー
ドバックされます.

学習管理システム（LMS）――Moodle
Moodle はオンラインでの学習活動をサポートし, 管

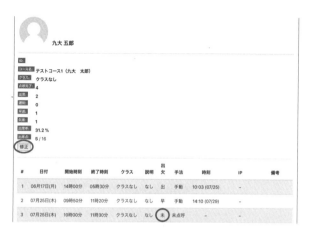

図 3-2

出欠の画面. 出席がきちんと登録できているのか, 確認できます.

理するためのシステムです. オープンソースで提供され
ているソフトウェアで, 九州大学ではそれをカスタマイ
ズして使っています.

　1つの講義ごとにコースが設けられていて, 学生は自
分が受講する授業コースにアクセスし, 出席をとったり,
教材を見たり, 小テストを受けたり, レポートを提出し
たりします. 具体的にどんなことができるのか, おもな
機能を見てみましょう.

(1) 出席をとる

　出席の確認には, 手動, 自動, 半自動の3つの方法が
あります.

提出ステータス

提出ステータス	評定のために提出済み
評定ステータス	未評定
終了日時	2019年 12月 13日(金曜日) 00:00
残り時間	17 日 1 時間
最終更新日時	2019年 05月 28日(火曜日) 14:09
オンラインテキスト	test
提出コメント	▶ コメント (0)

提出を編集する　提出を削除する

あなたはまだ提出に変更を加えることができます.

図 3-3

レポートや宿題の課題も Moodle を利用して提出します.

・手動：教員が学生の名前を押して保存します.
・自動：学生が受講するコースにアクセスすると自動的に出席が登録されます.
・半自動：学生が出欠リンクをクリックすることで出席がとられます. その際に, 教員が指定したキーワードを入力させることもできます.

(2) レポートを提出する

　ワードやエクセルなどで作成した文章を Moodle にアップロードするか, Moodle に直接文章を入力することで, レポートを提出することができます. 宿題もここにアップロードすれば提出できます.

　教員にとっては, 提出期限の設定をしたり, 未提出者

図 3-4

フォーラムを利用して，情報交換やディスカッションを行います.

が一目でわかったり，効率的な管理ができて便利です.
学生にとっても，提出物を 1 カ所に保存しておけるので
便利です．レポートの評価を Moodle 上で確認すること
もできます.

（3）フォーラムを利用する

　フォーラムとは，情報交換を行う掲示板のことです.
教員から学生への告知のほか，同じコースを受講してい
る学生たちが情報を共有したり，ディスカッションした
りするのに利用できます．フォーラムをどのように運営
するかは，各コースの担当教員に委ねられています.

（4）資料を閲覧する

　Moodle 上にアップロードされたテキストや，ワード，

ニュースフォーラム

第1回

第2回

　説明資料

　グループワークで作成した図

図 3-5

授業で使う資料は Moodle 上にアップロードされます.

エクセル, パワーポイントなどで作成された資料を見る
ことができます. 専門的な知識がなくても簡単に資料を
アップロードできるので, 教員にとっては非常に便利で
す. また, だれがどの機能をいつ利用したかという記録
が残り, それを確認することもできます.

(5) 小テストを受ける

　Moodle 上で小テストを受けることができます. 答案
は自動的に採点され, 結果も確認できます. 問題を作成
するのも Moodle 上で行えます.

(6) アンケートに答える

　Moodle 上でアンケートをとったり, 答えたりするこ
とができます.

図 3-6

小テストを受けることができます．結果も確認できます．

　Moodle には，ほかにもさまざまな機能があります．たとえば，レポートを学生たちが互いに読んで評価する「ピアレビュー」のような機能もあります．「投票」の機能を使って，発表がいちばんよかった人に投票することもできます．1 位の人に「バッジ」をあげる機能もあります．こうした機能をうまく使えば，楽しみながら学ぶことができるでしょう．

　教員にとっても非常に便利なシステムです．教材はシステム上にアップロードするだけでよく，わざわざプリントアウトして配る手間も時間もはぶけます．出欠も自動や半自動にすれば時間がかかりません．最近は九州大学独自の「簡単メニュー」の機能も追加され，システムに不慣れな教員であっても，資料を追加したり，課題管理をしたり，学生全員にメッセージを送ったりといった作業が，より簡単で使いやすくなりました．Moodle を使った授業はどんどん増えており，現在では 1,700 以上

簡単メニュー

　　資料を配布する

　　学生全員にメッセージを送る

　　出席をとる

　　出席を確認する

　　課題を作成する

　　課題を確認する

　　課題をダウンロードする

　　このページが学生にどう見えているか確認する

図 3-7

簡単メニュー．システムに不慣れな教員でも簡単に使うことができます．

のコースで利用されています．

e ポートフォリオ管理システム——Mahara

Mahara は，e ポートフォリオを管理するシステムで
す．九州大学では，このeポートフォリオ管理システム
を用いて，授業の最後にその日の振り返りや感想などを
「日誌」というかたちで記録し，利用できる環境が整備
されています．学生の日誌には，授業のわかりにくかっ
たところや改善してほしいこと，興味を持ったことな
ど，教員にとって参考になる情報がたくさん含まれてい

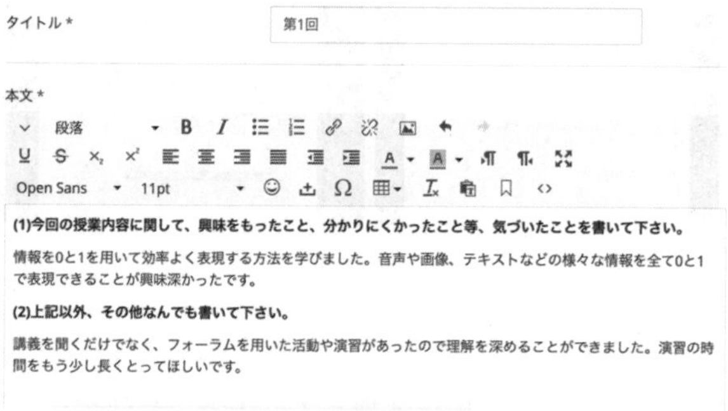

| タイトル * | 第1回 |

本文 *

(1)今回の授業内容に関して、興味をもったこと、分かりにくかったこと等、気づいたことを書いて下さい。

情報を0と1を用いて効率よく表現する方法を学びました。音声や画像、テキストなどの様々な情報を全て0と1で表現できることが興味深かったです。

(2)上記以外、その他なんでも書いて下さい。

講義を聞くだけでなく、フォーラムを用いた活動や演習があったので理解を深めることができました。演習の時間をもう少し長くとってほしいです。

図 3-8

eポートフォリオ管理システムを用いた実際の日誌の画面の一例です.

ます. 教員はその都度確認し, 何らかのフィードバックを返すこともできます.

教員の側もeポートフォリオ管理システムを用いて日誌を記録し, 利用することができます. 具体例を入れたほうがよかったとか, 説明の順序を入れ替えたほうがよかったとか, 実際に授業をしてみて気づいたことなどを書いておきます. そうすることで, 自分がどのように教えたのかがわかり, 授業の改善につながります.

日誌を共有することもできます. たとえば同じ科目を担当している教員同士が, どこまで教えたかなどの情報を共有できるようになっています.

デジタル教材配信システム──BookQ

BookQ は授業で使う教材をデジタル化して配信する

図 3-9

実際に九州大学で使われているデジタル教科書の一例

システムで，Moodle と連携しています．教員がパワー
ポイントや PDF で作成した講義資料を，BookQ 形式に
変換してシステム上にアップロードしておけば，学生は
ブラウザを通してその資料を閲覧することができます．
オンライン環境があればいつでも閲覧できるので，空き
時間にスマートフォンからアクセスして予習や復習のた
めに使う学生もいます．教材の内容は簡単に更新できま
す．つねに最新情報を提供できるのが，紙の教科書には
ないメリットでしょう．現在，BookQ は 100 以上の科
目で使用されており，数百種類の教材が提供されていま
す．

　閲覧画面では，電子書籍のビューアのようにページを
進めたり戻したり，拡大したりすることができます．ま
た，マーカー，ブックマーク，メモなどの機能を利用し
て，学習に活用できます．

（1）ブックマークをつける

　開いているページにブックマーク（しおり）をつける

図 3-10

教材を閲覧する画面. この画面上でさまざまな操作を行えます.

ことができます. ダッシュボードにはブックマークの一
覧が表示され, 教材閲覧画面のブックマークとリンクす
るようになっています.

(2) マーカーを引く

黄色と赤色の2種類の色を選んでマーカーを引くこと
ができます. 予習でわからないところには黄色, 重要な
ところには赤色のマーカーを引くことになっています.
授業中にわかったら黄色マーカーを削除します. 復習の
ときに, 自分で調べて理解できたところも黄色マーカー
を削除します. そうすると, 現時点でわからないところ
にだけ黄色マーカーが引かれている状態になり, 理解す
べき箇所が一目でわかります.

図 3-11

重要なページにはブックマークをつけ，あとで確認することができます．

（3）メモをつける

　ページ内の好きな場所にメモをつけることができます．教員に質問したいことを書いたり，自分で調べた内容を書いたりします．

（4）教材内を検索する

キーワードで教材内を検索することができます．

　こうした操作の履歴を記録し，学生が資料のどこを長時間閲覧し，どのページに何度も戻っているか，どこにマーカーを引きメモを書いたのかなどを，教材や説明方法を改善するために，可視化したり分析したりすることができます．

図 3-12

大事なことをメモに書きとめることができます.

3. 学習ログをどのように活用するか?

M2Bシステムを使うことで,学生たちの学習活動が日々ログとして蓄積されていきます.その数は1日約12万件.すでにかなりの学習ログが集まっています.ただ,学習ログを蓄積するだけでは意味がありません.大切なのはこの膨大な学習ログをどのように活用し,授業や学習の改善につなげるかです.九州大学では,さまざまな可視化・分析ツールを開発し,学生や教員に対して学習や授業の改善に向けたフィードバックを行っています.具体的にどんなことができるのか,その一部を紹介しましょう.

学生の学習をサポートする
短時間で予習・復習ができる資料を作成したり,自分

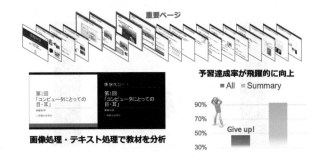

図 3-13

教材の重要ページだけを自動で抜き出し，短時間で予習できる資料を作成します．この資料を用いることで予習達成度も大幅にアップします．

の学習活動を振り返ったりできる学生向けのツールです．

（1）予習のための資料を自動でつくる

　学生たちは授業のほかにもサークル活動やアルバイトなど，とにかく忙しい毎日を送っています．授業の予習に割ける時間はわずかしかなく，なるべくならすぐ読み終わる短い資料であってほしいというのが本音でしょう．そこで，画像処理やテキスト処理技術によってデジタル教材の内容を分析し，重要度の高いページだけを自動で抜き出し，短時間でざっと読める要約版の資料を作成するシステムをつくりました．

　教員に指示された資料を予習するのに，たとえば60分かかるとします．それが何科目もあったらなかなかたいへんです．しかし，ぎゅっと縮めて10分で予習でき

る資料に再構成したらどうでしょう．10分なら気軽に予習ができそうです．実際に，要約版の資料で予習したグループは，資料の最後まで目を通していることがわかっています．理解度確認テストでも，よい成績を収めています．

（2）復習のための資料を自動でつくる

　同じような枠組みで，復習用の要約資料も自動的に作成できます．Moodle で行われた小テストの結果を踏まえ，デジタル教材の中から学生が間違えた問題に関連するページを重点的に選んで作成します．一人ひとりに適した資料がつくれるので，効率よく学習することができます．

（3）アクティブラーナーポイントでやる気も UP

　Moodle, Mahara, デジタル教材配信システムで収集された学習ログを集計し，学習活動の活発度をアクティブラーナーポイントとして計算し，グラフで表示します．きちんと出席しているか，教材を閲覧しているか，課題を提出しているか，日誌を書いているか，教材にマーカーを引いたかなど，M2B システムを使った活動が多いほど「アクティブラーナー」であると見なされます．

　学生用には，自分のポイントとコース全体の平均値が表示され，自分自身の学習活動を振り返ることができます．ゲーム感覚で楽しみながらポイントをかせぐ学生もいるようです．

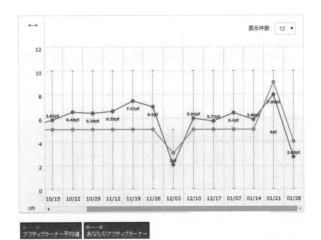

図 3-14

アクティブラーナーポイント．自分のポイントと平均値が表示されます．

（4）教材のオントロジーマップを活用する

デジタル教材の各ページには，これらから新しく学ぶ項目が表示されています．しかし，それらの知識がほかの学習内容とどのように関連しているのかはわかりません．オントロジー技術に基づいた学習項目マップでは，新しく学んだことが確認できるだけでなく，新しく学んだ知識とほかの学習内容との関連が視覚的にわかりやすく表示されます．

デジタル教材配信システムの利用履歴を活用して，自分の知識の枠組みを可視化し，自分がこれまでに学んできた知識を把握することもできます．

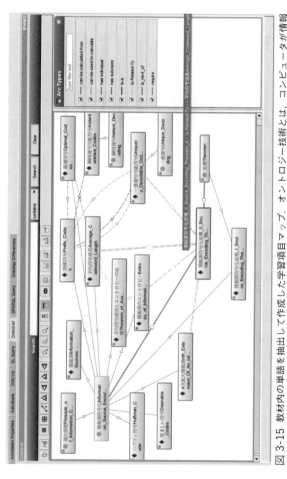

図 3-15 教材内の単語を抽出して作成した学習項目マップ。オントロジー技術とは、コンピュータが情報の意味を扱うことができるように、知識概念を体系化して整理する技術のことをいいます。

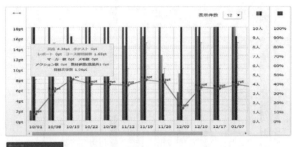

図 3-16

教員用のアクティブラーナープロセス画面. クラスの学習状況が把握できます.

学習活動を可視化して授業に役立てる

学生の学習活動を可視化し, 授業に役立ててもらうための教員向けの活用例です. 授業前や授業中の行動を教員が把握することで, 授業内容や教材の改善につなげることができます.

(1) アクティブラーナープロセス

Moodle, Mahara, BookQ で収集された学習ログを可視化し, 授業ごとの平均値をグラフで表すことができます. 学生の学習活動をポイント化したアクティブラーナーポイントを計算し, その平均値を表示することもできます.

教員向けの画面では, 個々の学生の学習状況ではなく,

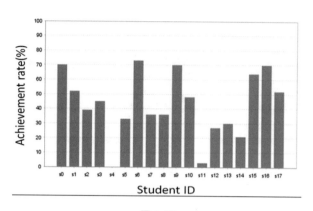

図 3-17

教材の閲覧達成度. 教材がどのくらい予習されているかがわかります.

クラス全体の学習状況が把握できるようになっています.

(2) 学生の予習状況を可視化する

　教員がいくら予習をしてくるようにといっても, 学生が本当に予習をしてきたかどうかはわかりません. 全員がきちんと予習をしていたら, 授業で繰り返し説明する必要はありませんが, そうでなければ時間をかけて説明したほうがよいでしょう. 学生たちの予習状況がわかれば, もっと効率的な授業ができるはずです. デジタル教材配信システムの閲覧ログを可視化することで, 学生の予習状況が客観的なデータとして確認できるようになります.

　図3-17のように, 学生が教材をどのくらい閲覧し

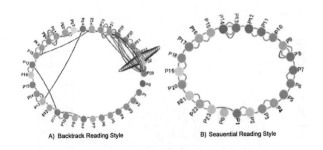

図 3-18

教材の各ページをどのようにたどって閲覧したのか，その閲覧パターンが可視化されます．

たかは「達成度」として表示されます．最初から最後のページまですべて見ていると達成度は 100% になります．学生たちが教材に引いたマーカーを参考に，多くの学生がわからなかった箇所を具体的に把握することもできます．

　また，どういうふうにページをたどったのかが「閲覧パターン」として示されます（図 3 - 18）．1ページ目から最後のページまでを順番に閲覧すると，きれいな円形になります．もし，ページを行ったり来たりしていたり，ジャンプして読まないページがあったり，同じページを何度も見返したりしていたら，教材の内容がわかりにくいのかもしれません．

　このように，学生の予習状況を把握できれば，教員は状況に合わせて授業の内容を変えられますし，教材を改

図 3-19
ワードクラウド. 検索された回数が多いほど大きく表示されます.

善するためのヒントを得ることができます.

（3）学生が検索したキーワードを把握する

　学生はキーワードを検索して資料を探します. この
キーワードが, 検索回数に応じた大きさで表示されたも
のを「ワードクラウド」と呼んでいます. 図3－19の場合,
「制御工学」,「船舶」,「設計」などが多くの学生によっ
て検索されていることがわかります.

（4）学生の閲覧状況をリアルタイムで可視化する

　予習の状況だけでなく, 授業中のリアルタイムでの学
習状況はわかるでしょうか? 大きな教室で行われる大
人数の授業の場合, 教員は一人ひとりの学生の学習活動
をなかなか把握することはできません. 前列に座ってい
る学生はやる気がありそうな気がしますが, 確証はあり

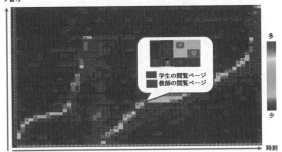

ページ番号

多

少

時刻

図 3-20

学生が今，どのページを見ているのかが，縦 1 列にリアルタイムで表示
されます．情報は 1 分ごとに更新されて右側に増えていきます．ヒート
マップのように，人数が多いほど暖色系の色で，少ないと寒色系の色で
表示されます．数字は，そのページを閲覧している学生の人数を示して
います．

ません．真剣に教科書を読んでいるように見えても，そ
れは教科書ではないかもしれません．授業のスピードが
ちょうどよいかどうかも，本当のところはわからないで
しょう．

そこで，デジタル教材配信システムの操作ログをリア
ルタイムで収集し，今まさに学生が，デジタル教材をど
のように閲覧しているかを見られるようにしました．図
3 - 20 は，90 分の授業における教材の閲覧状況です．
赤の点は教員が開いている教材のページの記録です．多
くの学生が連動して同じページを見ていることがわかる
でしょう．ただ，教員の進み方が速すぎると学生はつい

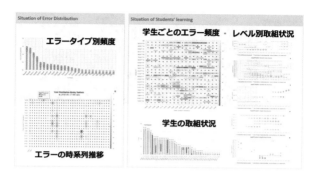

図 3-21

学生が行ったプログラミングのログをリアルタイムに分析し，可視化することで，教員が適切な指導を行うことができます．

ていけなくなって，前のページを確認したり，あきらめてまったく違うページを見始めたりします．逆にどんどん先のページを見ていくような場合は，授業の進行が遅すぎたり，教員の余談が多かったりするかもしれません．

このように，教員は刻一刻と変わっていく教室内の学生の学習状況を客観的に把握しながら，授業の進行を調整できるようになります．このシステムを利用した授業では，システムを利用していない授業よりも教員と学生が同じページを開いている時間が多いことがわかっています．また，授業中に多くの学生がマーカーを引いたり，メモを書いたりしていることも確認されています．

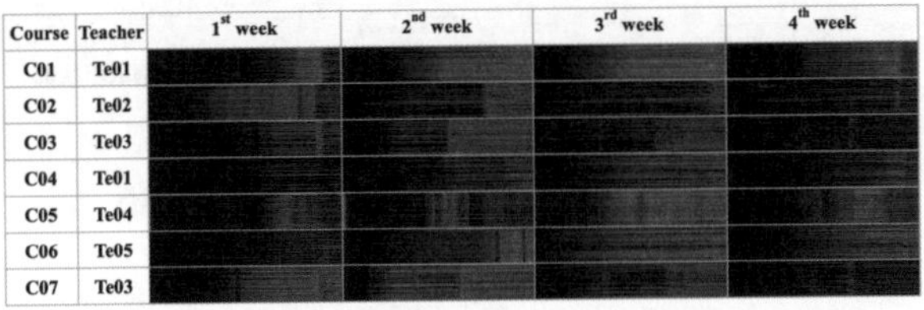

Course	Teacher	1st week	2nd week	3rd week	4th week
C01	Te01				
C02	Te02				
C03	Te03				
C04	Te01				
C05	Te04				
C06	Te05				
C07	Te03				

図 3-22

同じ授業内容の７つのコースで，教材の閲覧状況を分析することもできます．

（5）プログラミング演習の授業をサポート

　プログラミング演習では，得意な学生にとっては簡単なことでも，初心者の学生には難しく，なかなかうまくいかないということが起こります．教員がそのすべてに目を配り，個々に対応するのは困難です．

　プログラミング演習支援ツールは，学生が行ったプログラミングのログをリアルタイムに分析し，どの学生がどのプログラミングのエラー修正に悩んでいるのか，今どういうエラーが起こっているかを可視化します．クラス全体の取組み状況がわかるので，多くの学生が陥っているエラーをすぐに解決してあげられるなど，状況に応じた授業を行うことができます．

（6）コースを横断して解析する

　担当の教員が違っても，同じ教材を使用する科目があります．その場合，授業間を横断するかたちで分析を行

図 3-23

リアルタイム・レスポンスボタン．左は教員用の画面．学生が「わかった」をクリックすると赤く，「わからなかった」をクリックすると青く円グラフがのび，学生の反応をすぐに知ることができます．右は学生用の画面です．

えます．

　図3-22は，受講者が1つの教室に入りきれないため，複数の教室で教えている科目の分析です．C01からC07までの7つのコースを，5人の教員が教えています．教える内容はどのコースも同じで，ここでは1週目から4週目までの授業について分析しています．学生が教員より先のページを見ていると赤，遅れていると青で表示されます．同じ教材を使っていても，教員によってパターンが異なっていることがわかります．このことから，教え方の違いや学び方の違いなどを分析し，今後の授業に生かすことができます．

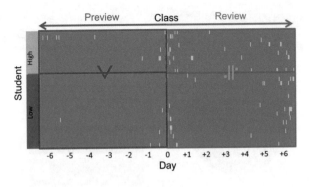

図 3-24

高成績の学生と低成績の学生の予習・復習のパターン.

（7）リアルタイム・レスポンスボタン

授業中，学生は教員の講義を聞きながら，わかったら赤いレスポンスボタンを，わからなかったら青いレスポンスボタンをクリックします．そうすることで，理解できたかどうかをリアルタイムで教員に知らせることができます．教員は学生の顔を見ていてもわかったかどうか判断しかねますが，ボタンをクリックしてもらえれば一目瞭然です．画面に青色が増えてきたら，ていねいに説明するなどの対策がとれます．

学生の学習活動のパターンを分析する

学生の学習活動を可視化し，そのパターンを分析します．また，さまざまな予測を立てることで，授業の改善

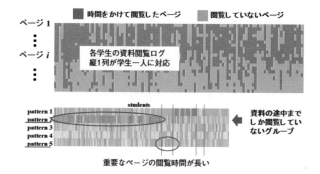

図 3-25

予習パターン解析. 閲覧したページやその時間から, 予習のパターンが
わかります.

や学生へのサポートにつなげることができます.

（1）予習・復習の学習パターンを分析する

　学生たちがどのように予習や復習をしているのか, こ
れまでは学生への聞き取りなどから把握するしかありま
せんでした. しかし, デジタル教材配信システムのログ
を可視化することで, だれがいつどのように学習したか
が客観的なデータとして確認できます.

　図3－24は, 高成績の学生と低成績の学生の予習・
復習行動について分析したものです. 授業があった日を
0として, 前後1週間の予習・復習の頻度が表示されて
います. このグラフから, 成績のよいグループは授業の
前に頻繁に教材を見ていることがわかります. 反対に成
績がよくないグループはあまり見ておらず, 予習の大切

さを裏づける結果となっています．一方，復習について
は成績がよい学生も悪い学生もほぼ同程度で，成績への
影響はあまりないことがわかりました．

　予習のデータをもう少し詳しく分析してみると，時
間をかけて閲覧したページと閲覧していないページが
あることがわかります．そのパターンから，学生を5
つのグループに分けることができました（図3-25）．
多くの学生は資料の途中で閲覧するのをやめてしまっ
ていますが，成績がよい学生は重要だと思われるペー
ジをピンポイントで，長時間閲覧していたことがわか
りました．

（2）成績を予測する

　成績には学期末テストの結果が大きく影響するため，
学期の途中で成績を予測するのは難しそうな気がしま
す．しかし，出欠，課題提出，資料の閲覧状況などの学
習データを見れば，コースが半分も終わっていない早い
時期に，非常に高い精度で今後の学習状況や成績を予測
できることがわかっています．

　こうした成績予測を学生自身が確認できれば，今後ど
のように学習を進めていけばいいのかを示唆することで
学生の学習意欲を高められるかもしれません．教員は，
成績が悪くなる予兆を早い段階で把握し，授業や学習支
援に役立てることができます．

（3）ドロップアウトしそうな学生を予測する

　単位を落としそうな学生を，早い段階で予測できます。連続で欠席している学生がいると，学務の担当者から教員に連絡が入り，学生に声をかけるなどの対策がとられます。

（4）データに基づいたグループ分けをする

　グループワークをする場合，グループのメンバーをどう構成するかが非常に重要になります。授業中に寝ている人ばかりを集めても絶対にうまくいかないでしょう。一般的には，性別や所属が偏らないように構成したほうがよいといわれていますが，うまくグループ分けをするのは難しいことです。

　しかし，どんな授業を受講してきたか，積極的に活動してきたか，興味は何かなど，これまでの学習活動のデータを分析すれば，グループ分けをサポートすることができます。

教員をサポートする

　日々の業務を効率化し，教員をサポートするツールもあります。その1つが学生日誌から感想を抽出して，要約するツールです。

　学生が毎回授業の最後に書く日誌は，学生にとっては学習の振り返りとして有効ですが，教員にとっても貴重な情報源です。「〜が理解できなかった」という書込みが多ければ，次回の授業で説明し，理解を促すことがで

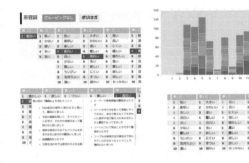

図 3-26

学生日誌によく使われる特徴的な単語のランキング. カーソルを合わせ
ると, その単語を含んだ文章が一覧表示されます.

きるからです. 教員はすべてに目を通してフィードバッ
クを返し, 質問があったらそれに答えてあげたいと考え
ています.

　しかし, 1クラスが100人を超えるような科目では,
短時間で受講する学生の日誌をすべてじっくり読むこと
は困難です. そこで, 学生が何に対してどんな感想を持っ
たのかを知るために, 多数の日誌の中から特徴的な言葉
を抽出し, 要約するしくみを考えました. たとえば「難
しい」と書いてあったものの概要を, 自動的に抽出する
のです. これによって, 学生の反応をまずおおまかに知
ることができます.

　このように, 忙しい教員の負担を軽減することは, 結
果として授業の改善につながります.

4．これからの課題

　現在，M2B システムは大学院も含めて全学で使える
ように整備され，学部 1，2 年生を中心に利用されてい
ます．次の段階としては，少人数で行われる専門科目な
ど，多様な授業スタイルに対応できるように検討を重ね，
上の学年へ広げていくのが目標です．

　また，学習ログは順調に蓄積できていますが，教育や
学習の改善についてはまだまだこれから取り組まなけれ
ばならない課題があります．LA の最終的な目的は教育
や学習の改善につなげることですから，実際にシステム
を使っている学生や教員の声を聞きながら検証していく
予定です．

　さらに，大量の学習ログが蓄積されても，そこから有
用な情報を読み取り，フィードバックを返すのは簡単な

Column ④　M2B システムを使った授業
　　　　　について聞きました

デジタル教材配信システムは
マーカーを引いたり，大事な
ページにしおりをつけたり，
紙の教科書と同じように使う
ことができて，理解に役立っ
ています。

黒板を使った授業よりも，スライドでまとまっていてわかりやすいと思います。

ほかにも

持ち運びが楽だし，全員が共通して見られるというのは教材としてよいと思う。

一方通行ではない授業で楽しい。

学生同士で意見交換できるフォーラムの機能が面白い。

教授との質疑応答がスムーズにできて勉強がはかどります。

教員にも聞きました

予習のときに学生が理解しにくかったところが把握できるので，授業に役立っています。資料を簡単に登録することができて便利です。

レポート提出も Moodle を通じて行ってもらっています。採点もしやすく，たいへん使い勝手がよいですね。

ことではありません．まずはティーチングアドバイザや
ラーニングアドバイザのような人を養成する必要がある
でしょう．九州大学には，上級生が新入生に対して学生
生活を送るうえでのアドバイスをしたり，大学院生が学
部生に対して学習の相談に応じたりする各種の制度があ
りますが，これらの制度をLAのシステムと連携させて
いく予定です．

　一方，教員に対しても，外部から教育の専門家をティー
チングアドバイザとして招いたり，ワークショップを開
いたりして，授業の改善に向けて考える場をつくる必要
があるでしょう．もちろん，これまでも授業の改善は行
われてきましたが，それは教員の主観や経験によるもの
で，必ずしも学生の学習状況がよく見えていたわけでは
ありません．LAでデータに基づいた改善を行うことで，
今よりもっとよい授業，もっとよい学び方ができると考
えています．

　九州大学が育成しようとしている「アクティブラー
ナー」とは，自立的に学ぶ姿勢を身に着けた人を指して
います．そんなアクティブラーナーになるためには,「何
を学習したか」ではなく，「いかに学習したか」が大切
になってくるはずです．学習ログを有効に活用すること
で，そうした人材が育つ学習環境をつくっていけるので
はないでしょうか．

Column ⑤　県立高校でも LA に基づく授業を実践！

　デジタル教科書が広く導入されるようになれば，やがて全国の小中学校および高等学校でも LA に基づく授業が行われるようになるでしょう．そこで，九州大学のそばに位置する県立高校において，M2B システムを使った授業を試行しました．授業のおおまかな流れは次のとおりです．

1．M2B システムにログイン
2．前日の操作の復習
3．デジタル教材配信システムの教材を読み，意味がわからない用語にマーカーを引く
4．読み終えたらブックマークをつける
5．つづきのページを読み，わからない箇所に黄色マーカーを引く．重要だと思う箇所に赤色マーカーを引く
6．Mahara を開き，授業内容に関する質問に答える．早く終わった生徒はクイズに取り組む
7．振り返り
8．次回の授業に関わるアンケートを実施

　教員はデジタル教科書のわからない箇所に引かれたマーカーのログを分析し，「生徒がわからない用語リスト」を作成しました．このリストを使って，理解が難しいテーマや用語を説明する時間を設けるなど，学習ログの分析結果に基づいた授業が行われました．

高校生の多様な学習スタイルに対応しきれていな
いなど，改善すべき点はありましたが，教員だから
こそ思いつくツールの使い方も見られました．LA が
本格的に導入されれば，さらに新しい授業法が生み
出されるでしょう．

　今後は，小中高校はもちろん，社会人や高齢者の
教育にもこうしたLAの取組みが広がっていくことが
期待されます．

第4章

ラーニングアナリティクスの基盤を構築するために

ラーニングアナリティクス（LA）を積極的に展開している欧米に比べ，大きく遅れをとっている日本．この状況を打破するためには，どんな取り組みが必要でしょうか．第4章では，日本のLA環境の現状と，大学共同利用機関としての国立情報学研究所の取組みについて紹介します．

1. LA環境の現状

学習管理システムの使われ方

大学をはじめとした高等教育機関では，学習管理システム（LMS）の導入が進んでいます．大学ICT推進協議会（AXIES*1）が情報通信技術（ICT）利活用教育の状況を調査したところ，LMSの導入率は年々増加し，2017年には国立大学で約85%，私立大学においても約70%が導入に至っていました（図4-1）．LMSを使って学習することで，学習履歴データ（学習ログ）が蓄積されます．この学習ログを分析し，学習や教育に役立てようというのがLAですから，すでにその基盤となるしくみが多くの大学で整いつつあるといえるでしょう．

ところが，授業内で使われているICTツールを調べ

---

*1 AXIES：Academic eXchange for Information Environment and Strategyの略．高等教育機関や学術研究機関におけるICT化を進め，教育や研究の高度化を図るために，2011年に設立された団体．大学の情報管理部門をはじめ，企業，ICTを実際に利用する教員などによって構成されています．

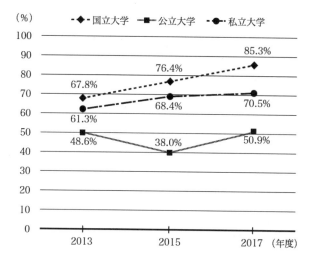

(%)

- ◆ 国立大学 ─■─ 公立大学 ─●─ 私立大学

85.3%
76.4%
67.8%
70.5%
68.4%
61.3%
48.6%
38.0%
50.9%

2013   2015   2017 (年度)

図 4-1　高等教育機関における LMS の導入状況

高等教育機関への LMS の導入は年々増加しています（出典：大学 ICT
推進協議会（AXIES）ICT 利活用調査部会「2017 年度 高等教育機関に
おける ICT の利活用に関する調査研究（第 1 版）」平成 31 年 3 月（https://
axies.jp/ja/ict/2019_survey_report/view）より一部抜粋）.

てみると，おもにパワーポイント等のスライドがよく使
われていることがわかりました．LMS には，教材や講
義動画を学習したり，ディスカッションボードとして使
用したり，テストを受けたり，お知らせを配信したりと
いった，さまざまな機能がありますが，LMS を使って
いるという回答はわずか約 30%，授業外においても同
じく約 30%にすぎませんでした．

　つまり，LMS のシステムは導入されているものの，

表 4-1　授業内で使用されている ICT ツール

【授業中の学習】で使っている	学部研究科 (n=1932)
パワーポイントなどのスライド	91.0%
Web 上の教材・ビデオ	53.7%
LMS	31.6%
コラボレーションツール (Google Docs, SharePoint, Office365 など)	21.6%
講義映像等のストリーミングビデオ	21.4%
ファイル共有ツール（Dropbox など）	21.0%
シミュレーション教材	19.6%
携帯・スマートフォン・タブレットの アプリケーション	17.7%
e ポートフォリオシステム（Mahara など）	13.5%
電子黒板	12.1%
テレビ会議・ウェブ会議システム（ポリコムなど）	10.6%
クリッカー（レスポンスアナライザ）	10.3%
電子書籍・電子教科書	8.6%
ソーシャル・ネットワーキング・サービス (Facebook, Twitter, LINE など)	8.2%
チャット・ビデオチャット（Skype など）	5.9%
ブログ	3.7%
その他	1.3%

最もよく使われているのは，パワーポイントなどで作成したスライドで，LMS の機能は 31.6% しか使われていないことがわかります（出典：大学 ICT 推進協議会（AXIES）ICT 利活用調査部会「2017 年度 高等教育機関における ICT の利活用に関する調査研究（第 1 版）」平成 31 年 3 月（https://axies.jp/ja/ict/2019_survey_report/view）より一部抜粋）.

その機能がまだ十分に使われていないということです．LMS の機能が有効に使われていてこそ，そこに蓄積される学習ログを活用した教育改善が期待できますが，本

来の使われ方をしていなければ，学習ログ自体を蓄積することさえできないのです．

進まない LA の環境整備

LMS の環境が整っていたとしても，実際に授業で PC を使わなければ意味がありません．コンピュータ教室で行われる授業だけでなく，一般の教室での授業や自宅においても LMS を使って学習するには，学生が 1 人 1 台ずつ自分用の PC を持っていなくてはいけません．つまり，学生自身が自分の PC を学校に持っていく PC 必携化（BYOD）の環境を，大学側が整える必要があります．現在，大学における BYOD は少しずつ進んでいますが，まだ十分とはいえません．

BYOD を実施するということは，学習者が学習環境をつねに持ち歩くことを意味します．いつでもどこでも自分の PC から LMS にアクセスし，学習できるということです．しかし，それに対応するための学習環境も授業の実践手法も，まだ十分に用意できていないのが現状です．

こうして見ると，日本では LA を行う環境がほとんど整備されていないことがわかります．まずは LMS の有効利用，BYOD の実施といった環境を整えなければならず，LA という高度な ICT 化を実現するにはまだ大きな壁が立ちはだかっているといえるでしょう．

LA ポリシーの整備状況

LMS の機能が有効に使われるようになって，学生が

自分の端末からアクセスして学習し，学習ログが蓄積されるようになったとしても，その学習ログをそのまま活用できるわけではありません．蓄積されたデータには当然，個人情報が多く含まれます．まず学生本人からきちんと利用許諾を得る必要がありますし，使う際には適切な管理が求められます．

　大学の業務システムの中でたまる学習ログを，研究者が自分の研究のために使ってもよいのか，という問題もあります．自分の授業で生じた学習ログは自分のものだからほかの人には渡したくない，と考える教員もいるでしょう．LA は学生のため，ひいては大学全体のために行うものだという認識を徹底し，合意を得る必要があります．同時に，研究のためだけに学習ログを使うのではなく，教育改善にきちんと生かせるような実践的な体制をつくっていかなくてはなりません．これらの問題を解決し，「学習ログを LA のために使う」という積極的なポリシーが大学内で統一されて初めて，LA を行えるようになります．

　このように，大学において LA を進めるにはシステムだけでなく，ポリシーの整備も必要です．大学 ICT 推進協議会のような組織がまず，ひな型を提示し，LA を先行して行っている大学が実際にそれを作成し，そのほかの大学が参考にするというのが進めやすい流れでしょう．

　今までにないまったく新しいことをするわけですから，すべての人が賛成するとは限りません．データを使

われることに不信感を抱く人もいるでしょう．データ利用の目的や範囲を明確にして，LA に対する理解を深めてもらう努力が必要とされています．

Column ⑥ LA ポリシーってどういうもの？

大学でLA を進めるためにはポリシーの整備が不可欠です。大学ICT 推進協議会では、教育データの利活用の推進のために、ポリシーのひな型を作成し、提供しています。以下は、そのひな型の一例です。[AXIES 会員大学] のところに、それぞれの大学名を入れて使用できるようになっています。

教育・学習データ取扱 n 原則（ひな型）

[AXIES 会員大学] は、改正個人情報保護法などの関係法令を遵守しプライバシーを尊重するとともに、教育・学習データをパーソナルデータとして取り扱い、その権利者の意向を最大限配慮して運用します。

<教育・学習データ取扱8原則>＊各大学の議論によって数を追加、決定します。
1. 使用目的を明示し、目的外には使用しません。
2. 使用方法と使用結果を明示します。
3. いつでも本人同意を取り下げることができます。
4. 個人情報保護法などの関連する法令を遵守します。
5. いつでも自分のデータにアクセスできるようにします。

このためのデータ分析ツール（ダッシュボード等）を提供します。

6．データの分析結果の公表については個人が決して特定されないようにします。

7．データは適切に匿名化を行い、研究利用を可能にし、学術の発展に寄与します。

　データに対して個人を特定するような処理を禁止します。

8．研究成果やデータの共有によって、人類の福利に貢献します。

ほかにも、「教育・学習データ利活用宣言」や「教育・学習データの利活用に関するガイドライン」のひな型も作成されています。各大学は、こうしたひな型を参考に、独自にポリシーを制定し、LA を進めていくことができます。

参考文献：出典：上田 浩，緒方 広明，山田 恒夫「高等教育機関における教育・学習データの利活用に関する方針の検討」情報処理学会研究報告 電子化知的財産・社会基盤（EIP），Vol.2018-EIP-81, No.21, pp.1-6.

2. LA の統合基盤を開発

大学共同利用機関としての役割

　LA の教育環境を世界的な水準に押し上げるためには，日本は今後どのように取り組んでいけばよいのでしょうか．第3章で紹介した九州大学のように，LA に積極的な大学が個別に進め，LA 導入の事例を少しずつ増やしていくのも1つの方法でしょう．LA 先進国であるアメリカでは，LA に先進的に取り組む大学のネットワーク（UNIZIN）が存在します．しかし，日本では九州大学のように LA の環境が整っている大学は，まだほかにはありません．むしろ予算削減の中，個々の大学の努力だけで新しいことを始めるのは困難な状況です．たとえ今後できたとしても，国立大学や大規模な私立大学ぐらいでしょう．中小規模の大学がそれぞれ独自に行うのは，非常に難しいと思われます．そのため，高等教育機関全体が LA による教育改善を実現するには，大学への支援をどのように行うべきかを考える必要があります．それこそが，大学共同利用機関である国立情報研究所（NII）の担うべき役割だといえるでしょう．

　NII は，情報学の基礎論から最先端のテーマまでを総合的に研究している研究機関です．同時に，大学や研究機関などと連携して，学術研究基盤の構築・運用，学術コンテンツやサービスの提供といった事業も展開しています．事業の内容は，簡単にいうと高等教育機関への ICT 化支援・サービスです．研究の成果を事業に取り

┌───┐
　Column ⑦　大学共同利用機関って何？

　大学共同利用機関とは，研究者コミュニティによっ
て運営される日本独自の研究機関で，全国の研究者
に共同利用の場を提供する拠点として設置されまし
た．個別の大学単位では整備するのが難しい最先端
の大型装置や施設，大量の学術データ，貴重な資料
などを，全国の研究者に無償で提供し，個々の大学
の枠を越えた共同研究を推進しています．また，総
合研究大学院大学の大学院学生に対する教育も行っ
ています．
　現在，人間文化研究機構，自然科学研究機構，情報・
システム研究機構，高エネルギー加速器研究機構の4
つの研究機構があり，NII をはじめ計 19 の研究機関
が設置されています．
└───┘

入れ，最先端のサービスを提供しています．そのベース
となるサービスは，世界最高水準の高速回線で全国の大
学や研究所をつなぐ「学術情報ネットワーク（SINET）」
の構築と運用です．このネットワークを便利に使っても
らうために，論文の検索サービスをはじめ，さまざまな
サービスを提供しています．
　しかし，これらは研究を支援するためのサービスで
あって，教育のためのサービスはこれまで行っていませ
んでした．ただ，日本には 800 近い大学があり，そのす

べてで教育が行われています．研究と教育の比重を考えれば，教育を行っている高等教育機関のほうが絶対的に多いのです．そうした意味においても，大学共同利用機関である NII が教育に関わるサービスに挑戦することは，意義があると考えています．

LA の基礎的なシステムを提供する

LA を進めるためには，LA を行うための基盤が必要です．そこで NII では，教育に関わる初めての事業として，LA の統合基盤の開発に取り組んでいます．

最先端のネットワークを提供する NII のような機関は各国にあります．イギリスでは英国情報システム合同委員会（JISC），オランダでは高等教育・研究機関の共同組織 SURF といった機関が，NII と同じような事業を

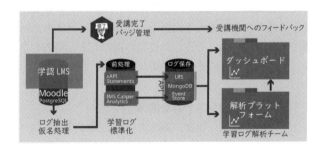

図 4-2　開発中の LA 統合基盤

LMS，学習ログの蓄積データベース，学習ログの解析プラットフォーム，解析結果を提示するダッシュボードから構成されています．

行っています．海外のこれらの機関は，すでに教育に関するサービスも行っていて，LA に関するサービスも提供しています．その意味では NII は遅れているかもしれません．しかし，国によって教育の状況は異なります．当然，サービスの提供の仕方も異なりますから，海外と同じではなく，日本に適したやり方で新たなサービスを提供したいと考えています．

日本の場合は，非常にたくさんの大学がありますが，個々の大学の財務状況は厳しく，新しいことに取り組む余裕がないのが現状です．だからといって手をこまねいていては世界に負けてしまいますから，他大学と共同でできるところは共同で行い，費用対効果を高く進める必要があります．NII が提供しているのは，この共同で行う部分のサービスです．今回も，LA に関する基礎的なシステムをつくるところは，NII が大学の声を聞きながら開発，提供していきます．ただ，そのシステムをどう使うかはそれぞれの大学次第で，大学ごとに特徴を出せることが大切です．そうした役割分担のもと，協力しながら LA を進めていく予定です．

学習ログの蓄積システムを開発

第 1 段階として，現在，ある大学と共同でラーニングレコードストア（LRS），いわゆる「ログ倉庫」の開発を進めています．ログ倉庫とは，学習ログを蓄積するシステムのことです．

大学で使用されている LMS には，日々蓄積される大

量の学習ログがあります．この学習ログを分析する場合，第三者機関である NII に個人情報が漏れないようにする必要があります．そのため，個人を特定できるユーザ名やユーザ ID，IP アドレスなどを削除したり，学籍番号をランダムな数字に置き換えたりする匿名化の処理を大学側で行えるようにしています．ただし，実名をたどることはできませんが，その人がたとえば「A」という仮の名前でひもづくようになっています．そうすることで，その人の学習記録を追跡することが可能になり，学生一人ひとりに的確にアドバイスを返せるようになるのです．

NII 側のシステムとしてつくっているのは，大学側から送られてきた学習ログを蓄積する部分です．この大学では Moodle という種類の LMS が使用されていますが，LMS にはほかにも Blackboard や Sakai などいくつかの種類があって，それぞれ独自のルールで学習ログがたまるようになっています．そのため，全国の大学でこのシステムを使ってもらおうという場合，大学によって学習ログの形式がそれぞれ異なるという問題があるのです．さらに，今後は LMS だけでなく，ほかのシステムからのログも扱うようになるでしょう．このように，複数のシステムに蓄積される多様な学習ログに対応するには，学習ログの構造や形式が同じになるようにデータを変換するための「標準化」を行う必要があります．

学習ログを標準化する

そこで，Moodle から抽出した「ログイン」や「閲覧」

などの多様なイベントを対象に，国際標準規格*2に基づいた学習ログの標準化を行いました．

LMS のデータベースは，テーブル形式といわれる表形式の構造になっています．エクセルのシートがたくさんあるようなイメージで，このシートにあたるものを「テーブル」と呼んでいます．1つのテーブルごとに，ユーザ ID，教材の ID，アクセスした時間など，関連する一連のデータが収められていて，各テーブルのデータを合わせることで「学生 A が1時に教材 B にアクセスした」という1つの出来事を表現することができます．しかし，LMS の種類やバージョンが異なるとデータベースの構造も異なるため，テーブルをそのまま持ってきても分析することはできません．

ただ，異なる形式の学習ログであっても，「だれが（actor）」，「どうした（verb）」，「何を（object）」に該当する情報は必ずあります．そこで，LMS からこれらの情報を取り出し，「だれが-どうした-何を」という構造を基本とした文章のような形式に学習ログを変換し，ログ倉庫に蓄積するシステムをつくりました．もちろん，これだけではすべてを表現しきれないので，「いつ」「ど

＊2　国際標準規格：種類が異なる LMS やログ倉庫の間で学習ログを交換するためには，データの形式やデータをやり取りする際の約束事を標準化する必要があります．その代表的なものとして，アメリカの ADL が策定した xAPI（Experience API）と，IMS Global Learning Consortium が策定した IMS Caliper Analytics という2つの国際標準規格があります．NII が開発しているシステムの学習ログは，この2つの国際標準規格に準拠しています．

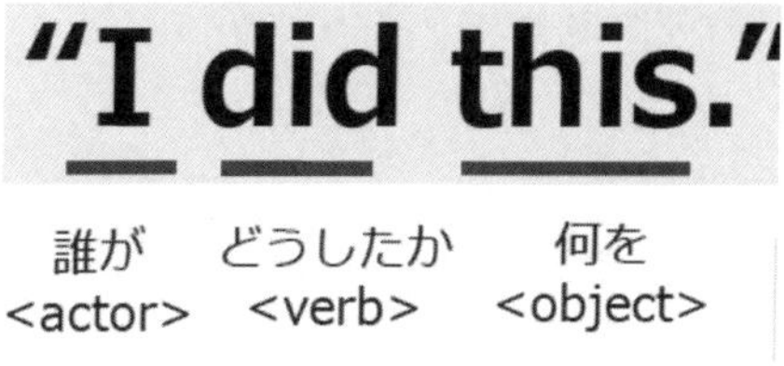

"I did this."

誰が　　どうしたか　　何を
<actor>　<verb>　　<object>

図 4-3　ステートメント構造

学習行動のログは「だれが－どうした－何を」というステートメントと呼ばれる形で表現され，ログ倉庫に格納されます．これによって，たとえば「A が C のボタンをクリックした」というログを記述することができます.

のように」など，もう少し細かい文脈も加えて 1 つの文章になるようにしています.

　たとえば，LMS を使って学習している A さんが C のボタンをクリックすると，「学生 A が（12 時 5 分に）C のボタンをクリックした」という学習ログがログ倉庫にたまっていくしくみです．「動画を見た」とか「ページを移動した」といった出来事も，その前後関係を含めてすべてセットで学習ログがたまっていきます.

　ログとして保存するデータの形式をこのように標準化することで，LMS の種類やバージョンが違っても，LMS 以外のシステムであっても，すべて同じフォーマットでログがたまることになります．将来，日本全国の大学で使ってもらうときにも，それぞれの大学が利用している LMS から「だれが－どうした－何を」という情報を適切に抽出してためておくことで，その先の分析がで

```
{
  " id" : ObjectId("5d740585bd7cce0f6f61aeb3"),
  (略)
  "statement" : {
    "actor" : {
      "objectType" : "Agent",
      "name" : "",
      "account" : {
        "name" : "2",
        "homePage" : "https://lms.nii.ac.jp"
      }
    },
    "verb" : {
      "id" : "urn:x-moodle-event-action:viewed",
      "display" : {
        "en" : "viewed"
      }
    },
    "context" : {
      "contextActivities" : {
        "category" : [
          {
            "objectType" : "Activity",
            "id" : "http://moodle.org",
            "definition" : {
              "type" : "http://id.tincanapi.com/activitytype/source",
              "name" : {
                "en" : "Moodle"
              },
              "description" : {
                "en" : "Moodle is a open source learning platform designed
to provide educators, administrators and learners with a single robust,
secure and integrated system to create personalized learning
environments."
              }
            }
          }
        ]
      },
      "platform" : "Moodle",
      "language" : "en"
    },
    "object" : {
      "definition" : {
        "name" : {
          "en" : "dashboard_viewed"
        },
        "description" : {
          "en" : "dashboard_viewed"
        }
      },
      "id" : "https://lms.nii.ac.jp",
      "objectType" : "Activity"
    },
    "timestamp" : "2018-05-17T16:54:55+09:00",
  (略)
}
```

図 4-4　実際に記述された学習ログ

きるようになるのです.

学習ログの2つの使い方

同時に，ログ倉庫にたまった学習ログの効果的な使い方についても研究開発を進めています．その使い方には2つあって，1つは研究者がデータを分析し，新しい知見を得るために解析プラットフォームとして使います．もう1つは，たまっているデータを可視化し，だれでも見られるようにしたダッシュボードとしての使い方です．表やグラフを用いてわかりやすく表示することで，

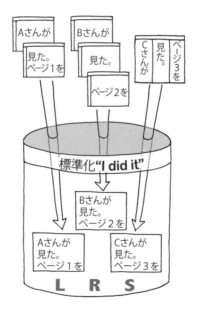

教員が学生たちの学習状況を把握し，授業を改善するためのガイドとして活用することができます．

　さらに，解析プラットフォームを利用した研究成果が，ダッシュボード側と共有できるようになっています．たとえば，学期の早い時期に LMS にログインした学生と，遅い時期にログインした学生が，それぞれどういう傾向があるのかを分析し，最終的な成績がどうなるのかを予測したとします．その分析の過程で作成されるグラフや表がダッシュボード側に表示され，教員がそれを見られるようになっています．そうすることで，成績が悪くて単位を落としそうだと予測された学生に，教員がログインを促すなどの対応がとれるようになります．

　分析する側とそれを使う側がつながることで，教員のニーズを研究者にフィードバックし，それを研究に取り入れていくというサイクルを回すしくみもつくれます．このような使い方の部分は，実際にシステムを使う大学の人たちが，独自に工夫できるところになります．

LA にチャレンジしやすい環境へ

　以上のように，NII では LMS，学習ログの蓄積システム，学習ログを分析する解析プラットフォーム，解析結果を表示するダッシュボードからなる LA の基盤システムを開発しました．試しに使ってみたいという要望に応えて，このシステムをセットで，すべてオープンソースで提供しています．ある程度自分たちで自由にやりたいと考える大学もあるでしょうし，外部に学習ログを出

すのは抵抗があるという大学もあるでしょう．その場合でも，オープンソースで提供しているので，それぞれの大学で自由に使ってもらえます．一方で，クラウドサービスとして提供しているシステムなら，自分の大学でシステムを持たなくても，学習ログを NII に送れば NII のサービスを使うことができるなど，柔軟に対応できるのが特長です．

システム開発の方法としては，近年「マイクロサービス」と呼ばれる方法が一般的になっています．機能ごとにサービスを分けて個別に開発し，それらを連携させて使う方法で，サービスの変更に柔軟に対応でき，メンテナンスもしやすいというメリットがあります．NII のシステムは，まさにこの方法でつくられています．通常なら，もしダッシュボードを変えたいと思ったら，すべてのシステムを入れ替える必要があり，かなり大掛かりになってしまいます．費用も多くかかります．しかし，NII のシステムの場合，ダッシュボードだけを入れ替えることが可能です．LMS は商用のものを使いたいという要望にも対応できますし，動きが遅くなったらそこだけシステムを改善するなど，柔軟な使い方ができるようになっています．

現在は，大学と共同で研究開発を進めている段階です．さらに実用化に向けて，どのような目的でデータを利用するのか，だれがデータを利用するのか，学生にどういうかたちで許諾を求めるのかなどを明確にし，システム開発側と大学側がうまく連携できる体制を整えていきた

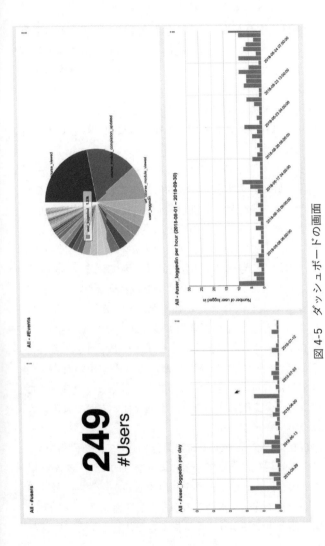

図4-5 ダッシュボードの画面

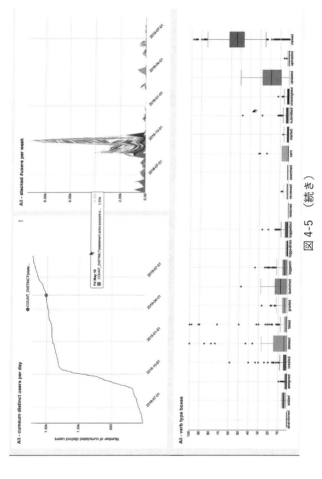

図 4-5（続き）

いと思っています.

　これまではこのような基盤システムがなかったので，LAを行いたくても気軽にチャレンジできる環境にはありませんでした. このシステムを1つの道具として使うことで，LAの裾野を広げることができるかもしれません. 今後，ほかの大学での利用を促し，ある程度共通の基盤として使われるようになれば，LAの研究自体を活性化させるプラットフォームにもなると考えています.

3. 大学間ネットワークの構築を目指して

　これまでお話ししてきたのは，個別の大学が個別の学習ログを解析するシステムの話でした. 今後目指すべき大きな目標は，学習ログを大学間で共有する大学間ネットワークを構築することです. もちろん今すぐにではなく，ポリシーがきちんと整備され，データを分析することが今より一般的になってきた時代を想定したうえでの挑戦です.

　目的はビッグデータの解析です. 学習ログの解析結果をリアルタイムで見られるだけでなく，成績や退学のリスクなど，何かを予測するモデルがつくれれば，より教育に役立てられます. そのためには，どうしてもたくさんのデータが必要です. もし，各大学の学習ログを共有できれば，データの量はそれだけ多くなり，ビッグデータにすることが可能になります. 医療にたとえるなら，症例が少ない難病であってもデータが大きくなれば，同

じ症例が見つかる可能性は高まります．教育においても同様に，これまでわからなかったことが，教育ビッグデータを解析することで見えてくるかもしれません．大学間で学習ログを共有し，予測するためのモデルを共同でつくり，それぞれの大学がそのモデルを使って予測を行う．NII が大学と大学とをつなぐハブとして機能することで，こうした大学間のネットワークをつくっていけたらよいと考えています．

ただ，その実現は簡単なことではありません．まず，大学 ICT 推進協議会などが軸となり，日本全国の大学に呼びかけていくことが必要でしょう．また，ビッグデータにして解析するには，共通のカリキュラムをつくったり，どの分野の授業から始めるのが適しているかを検討したり，といった大学間での調整も必要です．やみくもに解析しようとしても，背景がバラバラなデータを解析することはできません．基盤センターのような部署の人たちが中心になって，できることを検討していくことが求められます．

ポリシーの問題もあります．大学を越えてデータを共有するとなると，1つの大学内で取り組むときとは別の新たな問題が出てきます．データが大きくなれば，それを扱うためのルールが必要です．プライバシー保護や研究者の倫理を含め，さまざまな問題を解決しなくてはいけません．

現在，国立大学を中心に，ICT 化や LA に関心が高い大学も加わってワーキンググループがつくられ，LA を

進めていくための検討を始めています．まだ始まったばかりですが，こうしたコミュニティが中心になって，LA が各大学に広がっていくことが期待されます．その取組みの先に，大学間でのデータの共有，さらにはノウハウや教材，ツール，エビデンスなどを共有する LA のネットワークの実現があると考えています．

海外では，力のある大学はそれぞれ個別に LA を進めています．ただ，そのせいで，NII のような機関が何かをやろうとしても調整が難しく，ある程度妥協してサービスをつくらなければならないデメリットもあります．一方，日本の場合は，先行して LA を進めている大学がほとんどなく，LA の取組みは非常に遅れています．むしろ，進んでいないといったほうがよいかもしれません．しかし，逆にいえば，いざスタートすれば何もない土地を耕せるメリットがあります．また，大学の数が多いため，あるところまで進んで合意が得られると一気に勢いがついてくるという特徴もあります．

今後は，NII がこれまでに培ってきた大学の基盤センターなどとの信頼関係を生かし，さまざまな人の声を聞きながら，この LA 統合基盤を広めていく予定です．開発したシステムが，運用する人にとって使いやすいものであるとは限りませんから，運用側の要望や問題点を吸い上げ，よりよい開発につなげることが大切です．そのためにも，LA 統合基盤を使う大学と開発側の NII が協調し，一緒につくり上げていくようなシステムの構築を

図 4-6　NII が目指すこれからのオンライン教育

そうしているうちに，あるとき爆発的に普及していくのではないでしょうか．そうなれば，大学間でさまざまなことができるようになります．教育の高度化も協力して進められるでしょう．今は限られた大学だけがLAを行っていますが，いずれ日本のすべての大学においてLAが当たり前になる日がくるかもしれません．大学共同利用機関として，NIIが多くの大学をつなぐ役割を果たし，ネットワークを築いていきたいと考えています．

第5章

ラーニングアナリティクスが
描く未来

それほど遠くない未来，人工知能（AI）やロボットなどの高度なテクノロジーが私たちの生活に深く浸透し，社会のあり方は大きく変わるだろうと予想されます．そんな新しい時代を生きる人たちを育てるために，多くの教育機関でラーニングアナリティクス（LA）が実践されているでしょう．未来の学びはどう変わるのでしょうか．未来の教育のために，今，私たちが向き合うべき課題は何でしょうか．第5章ではLAの未来について考えます．

1. 未来の学びはどう変わる？

エビデンスに基づく教育が実現

大学や大規模公開オンライン講座（MOOC）などを中心に，LAの導入は今後も確実に進むでしょう．AIの発展によって，その精度も各段に向上すると考えられます．やがて，小中高校での学びも，塾や自宅での学びも，社会人になってからの学びも，すべて含めた「生涯にわたる個人の学びの記録」が蓄積されるようになるでしょう．その膨大なデータを集約した教育ビッグデータを読み解くことで，一人ひとりに適した教育環境，学習環境が提供できると予想されます．

さらに，教育ビッグデータの分析から得られた知見を研究者だけでなく，国全体で共有できれば，「エビデンス（科学的根拠）に基づく教育」が実現すると期待されています．どういう教え方をしたらどんな効果があった

のかということをきちんと検証し，エビデンスとして共有することで，個人の主観や経験だけに頼らない，科学的な裏付けを持った教育が実践されるようになるはずです．また，教育政策もエビデンスをもとに決められるため，教育の質の向上が期待できます．

　LA が広く浸透しているこうした未来で，いったいどんな学びが行われるのか，さまざまな場での学びについて見ていきましょう．

大学での学びはどう変わる？

　現在，大学によっては入学時に学部だけを決め，あとで専攻を選べるところがあります．大学で多くのことを学びながら自分の特性を知り，やりたいことをじっくり考えたうえで専門を決められるのは，学生にとって大きなメリットです．LA が進んだ未来では，小中高校のデータから，かなり早い時期に自分がどういう分野に強いのかがわかるようになり，進路の選択に役立てられると考えられます．それを踏まえて，将来何になりたいのか，夢を具体的に描けるようになります．また，どういう大学に進んで何を学べばよいのか，夢の実現への道筋も LA で示せるようになるでしょう．

　大学に入学してからも，自分の進むべき方向を見定めながら学ぶしくみができているかもしれません．卒業生のデータを追跡すれば，どういう職業の人が大学時代にどんな学びをしていたか，ある程度わかるようになります．こうした情報と自分のデータを照らし合わせ，4 年

間の学びを自分で設計できるようになるかもしれません。

　すでに就きたい職業が決まっていれば，科目を選ぶときの参考になるでしょう．視野を広げるために必要な一般教養科目も含め，「あなたが履修すべき科目」としてLAが推薦してくれるかもしれません．まだ進みたい道がわからなくても，1つのことをコツコツやっていくのが得意とか，分野を横断して学習するのが得意とか，一人ひとりの特性に応じた可能性をLAで示せるようになるはずです．

　夢を実現するために何をどう学べばよいのか，わからなくなることもあるでしょう．もし，これまで学んできたことが将来にどのように結びついていくのかをLAで示すことができれば，学ぶモチベーションが上がるかもしれません．逆に，夢が見つからないことに焦り，悩む人もいるでしょう．夢が変わってしまうこともあるでしょう．そんなとき，自分だけの狭い視野で考えるのではなく，LAでさまざまな可能性があることを知るだけでも未来の選択肢が広がります．そうやって試行錯誤する中で，なりたい自分になるための道が拓けていくのではないでしょうか．

小中高校の学びはどう変わる？

　未来の授業風景には，当たり前のように情報通信技術（ICT）が溶け込んでいるでしょう．――児童・生徒は1人1台のタブレット端末を手にし，その画面には教科書

が表示されています．電子黒板には動画やアニメーション，画像などが映し出され，児童・生徒の興味を引くわかりやすい授業が展開されているでしょう．タブレット上で図形を動かすことも，ネイティブの発音を聞きながら英会話に取り組むこともできます．わからないことが出てきたらインターネットを使って調べ学習を行ったり，タブレット上で解いた各自の答えを電子黒板に表示してみんなで議論をしたり，ICT を活用した多様な学びが実践されていると予想されます．

　こうした ICT の活用にともなって，学習履歴データ（学習ログ）は日々着実に蓄積され，教育改善に役立てられているでしょう．そもそも日本の初等中等教育は，世界的に見てもかなりかっちりとカリキュラムを決めて行われています．使用する教科書も内容はほぼ均一ですから，データに基づく教育改善やノウハウの共有が行いやすいという面があります．というのも，大学教育の場合には，教員によって教える内容も教科書も異なるため，そのままではデータを解析できず，大学間でカリキュラムを合わせるなどの調整が必要です．それに対して，同一の学習指導要領のもとで授業が行われる小中高校の場合には，そうした調整をする必要がなく，この単元をどのように教えたら効果が高いのかということが共有されやすいのです．その意味でも，未来の初等中等教育では LA が広く浸透し，エビデンスに基づく教育が全国で展開されていると考えられます．

　現在，多くの学校が教育改善を目指して，理解度別に

少人数制で授業をしたり，英語で教科を教えたり，ICT
を駆使した新しいかたちの授業を試みたり，さまざまな
取組みを行っています．このような取組みについても，
LA を活用することで効果を客観的に見られるようにな
ります．また，取組みの結果はエビデンスとして共有さ
れるため，実際に教育効果が高かった取組みを全国で行
うことができるようになります．

　誤解しないでいただきたいのは，LA で均一の教え方
をしようというわけではないということです．これまで
は豊富な経験を持つ一部の教員にしかわからなかった感
覚的なことも，LA によって可視化され，多くの教員が
理解できるようになります．ベテラン教員の優れた授業
ノウハウは，特に経験の少ない新人教員にとっては非常
に役立つ情報になるでしょう．児童・生徒がつまずきや
すい箇所も明確に把握できるので，より理解しやすい指
導が行えるようになります．このように LA は，わかり
やすい教え方，力を伸ばす取組みがどういうものかを共
有し，全体としてよりよい教育を実現することを目指し
ています．

自動化で教員の負担が軽減

　LA には作業を効率化するという側面もあります．近
年，小中高校の教員の忙しすぎる労働環境が大きな問題
になっていますが，LA が進むことで教員の負担は今よ
り抑えられると考えられます．たとえば，中間試験や学
期末試験の作成には時間がかかり，教員にとっては大き

Column ⑧ 学びの記録から人の成長過程を明らかに

子どもの成長について研究するには，本来，大勢の子どもの成長過程を長期間にわたって定期的に調査する必要があります．しかし，現実的にそうした調査を行うことは簡単なことではありません．そのため，これまでの教育理論の多くは，双子を観察して遺伝と環境の関係を調べたり，研究者自身の子どもを観察して言語の獲得について調べたりというように，少数の子どもの成長を見ることでつくられてきました．

将来，全国規模で学びの記録が集められ，分析できるようになれば，日本中の子どもの成長過程を時系列的にたどることが可能になります．学びの記録とは人の成長の記録です．それを分析することで，今までわからなかった子どもの行動や心理の変化などが明らかになるかもしれません．常識だった理論がくつがえされたり，まったく新しい理論が発見されたり，教育学や心理学の研究自体が大きく発展していくと考えられます．

な負担です．未来においては全国レベルで試験問題が共有され，自分の授業の進み具合に合った問題を AI の技術を用いて自動で作成できるようになるでしょう．テストやレポートの採点，通知表の評定のほか，最適なカリ

キュラムの提案やクラス編成なども，ある程度自動化できます．

　なんでも自動化してしまおうというわけではありません．質の高い教育を行うには，教員の負担を減らす必要があります．機械でできることは機械が行い，教員をサポートすべきでしょう．その分，教員は一人ひとりの学習状況にしっかりと目を配り，適切な指導を行うことができるようになります．

　AIの急速な発展によって，将来さまざまな職業がAIに取って代わられるといわれています．教員という職業も，ただ知識を教えるだけならAIが代わりを務められます．しかし，子どもたちの様子を把握し，コミュニケーションをはかり，どういうタイミングでどんな働きかけをすれば効果的かを考えながら指導するのは，人間である教員にしかできないことです．教員がより深く子どもたちと関われるように，LAの技術を使っていくことが大切でしょう．

わかりやすい教科書の登場

　教科書の内容は，LAによって確実に改善が進むでしょう．教科書のどこが理解しにくいのか，間違いやすい問題はどれかということが全国レベルで蓄積されるため，その分析結果に基づいたわかりやすい教科書，教材が作成されると考えられます．

　教材やエビデンスの共有がうまく進めば，このテーマを1週間で学ぶにはこの教材，深く学びたいならこの教

材というように，お薦めの教材を自動的に提示することも可能になります．理解が遅い人，速い人など，学習者のタイプによるつまずきやすい項目もわかってくるはずですから，よりていねいに解説すべきところはどこかなど，改良すべき点も明確になるでしょう．

これまでも現場の教員たちは，どの教材を使ってどういうふうに教えたらわかりやすいのか，個々に研究してきました．その成果を全国レベルで共有できれば，さらによい教材をつくれるようになるでしょう．教員たちがそうしたコミュニケーションをはかる場としての役割も，LA が担っていくかもしれません．

合格へ向けて，塾や予備校でも LA を活用

学校以外にも LA は広く浸透していくでしょう．特に合格をゴールに据えている塾や予備校での学習は，今よりずっと効果的に行えると考えられます．講師の経験だけに頼るのではなく，もちろん受験生の根性でもなく，データに基づいて成績アップをはかれるようになるはずです．過去の合格者のデータを分析すれば，志望校合格への道筋も明確に見えてくるでしょう．そのうえでどんな学習をすれば合格できるのか，一人ひとりに適した個別指導が行えると考えられます．

ただ，塾や予備校だけでデータの活用を行うのは，データの囲い込みにつながります．大切なのはデータを共有すること．そのためには，収集したデータを標準の方法で保存するといった制度をつくる必要があります．そう

すれば，学校の授業のデータも利用できるようになり，学校でわからなかったところを塾でフォローするなど，細やかな指導が行えます．逆に，塾や予備校のデータを学校で活用し，それをもとに授業を組み立てることもできるようになるでしょう．

働くうえでの学びにも

　大学を卒業し，社会に出てからの学びにも LA は活用されているでしょう．新人研修やコンプライアンス研修など，最近ではタブレット端末などを使って研修を行う企業も増えています．将来はさらに広がって，LA を使った企業研修が効率よく行われるようになると考えられます．

　企業などで働く人は，働くうえで必要なことを自ら学んでいかなければなりません．自分がどんな仕事をして，どのような力を身につけてきたのか，自己の成長記録がデータとして管理され，適切なトレーニングが受けられれば，キャリアアップを目指す個々の社員にとってメリットになるでしょう．自分に本当に適した仕事を見つけることにもつながります．企業にとっても，社員の能力や適性をきちんと把握することで，的確な人事を行えるメリットがあります．

　企業が生き延びていくには，つねに新しいことを取り入れていく必要があります．そうした新しい技術や新しい観点も学んでいかなくてはなりませんが，LA を活用することで社員一人ひとりが学ぶべき知識も明確になり

Column ⑨ 高齢者の学びを LA で支援

　高齢者の再就職や社会活動を支援するために，LAが役立つ可能性があります．ヒューマン・コンピュータ・インタラクションといわれる分野では，IT ツールを高齢者にとって使いやすいものにするためのデザインやシステムの研究が進められています．その成果を応用して，高齢者が楽に使いこなせる学習支援ツールや LA を実現できれば，生涯学びつづけて生きがいを追求する人たちの力強い支えになると期待できます．

　また，もの忘れなど，認知機能の衰えを感じることがあっても，AI や IT ツールが老眼鏡や補聴器のように人の知的な活動を補助してくれる未来が訪れつつあります．こうしたツールを高齢者が使いこなすための学びにおいても，LAが大いに役立つことでしょう．

　ただし，高齢者の学びにおける LA では，学習者や学ぶ内容，学習環境の多様性を考慮する必要があります．たとえば，学習者とその学習環境をセンサなどで把握するマルチモーダル LA の技術を応用することで，多様な学習者や教員にきめ細かく，タイムリーに働きかけるしくみが実現できるかもしれません．高齢者にとって使いやすい学習支援ツールの開発や，視線や脳波などの生体センサを利用して，教材のわかりにくい部分などをピンポイントに把握する技術

の研究開発がすでに行われています.

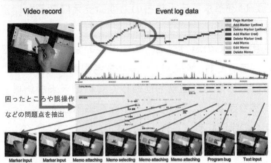

図 5-1　高齢者の学びを支える LA

九州大学で行われている, 高齢者の学びにおける LA の実現を目指
した研究開発. 高齢者にも使いやすい学習支援ツールの開発はも
ちろん, 生体センサを利用して高齢者にはわかりにくい箇所など
を的確に把握する技術を開発しています.

ます．企業の中での研修はもちろんですが，大学に戻って学び直すリカレント教育も積極的に行われているでしょう．大学に行かないまでもオンラインで講義を受けるなど，産業界と大学とが連携して学ぶ機会を増やし，キャリアアップにつなげていくような，社会人の学びのしくみが整っていくのではないでしょうか．

　また，小学校から大学までLAの環境で育ち，それに慣れている未来の人たちにとって，LAはごく自然なものとして受け入れられているでしょう．今は企業の中だけで行われている研修も，企業同士が共有し，相互に活用するようになっていくかもしれません．

2. 未来に向けて解決すべき課題とは？

LAのための制度やルールをつくる

　生涯にわたる学びの記録を国全体で蓄積し，利活用するには，そのための制度やルールが必要です．プライバシーの問題，管理体制，データの集め方や活用方法……，決めなくてはいけないことはまだ山積しています．研究者だけでなく，国や自治体，学校，教員，保護者なども加わって，法整備を含めた幅広い議論が求められます．

　中でもプライバシーに関する問題は，重要な課題の1つです．LAは学習者の名前や成績，学歴といった個人情報を含んだデータを扱います．多くの人が懸念するのが，そうしたデータをだれがどうやって集めるのか，情

報が漏れたり，悪用されたりしないのかということでしょう．まず，データの適切な管理の方法について，細かく決めておかなくてはなりません．教育改善以外の目的でデータを利用しない，研究者個人の ID で勝手にアクセスすることは許されないなど，取扱いに関するルールも必要です．人々の理解と信頼が得られるように，責任の所在を含め，データを国レベルで管理する体制をつくることが求められます．

どうやってデータを集めるか？

データの集め方についても，多くの課題があります．まず，どういう内容のデータをどんな方法で集めるのか，データの集め方自体を決めなくてはいけません．

ただ集めればよいというわけではありません．学習ログは，おもに学習者が PC やタブレット端末から学習管理システム（LMS）を利用することで蓄積されますが，LMS の種類ごとにデータのフォーマットが異なります．小学校，中学校，高等学校，大学，学習塾，MOOC など，複数の教育機関で収集されたデータを 1 つに集めるには，フォーマットを共通にしておく必要があるのです．

さらに，フォーマットだけでなく，データの意味（言葉や数字の解釈）も統一しないとうまく分析できません．医療の分野では，すでにそうした問題が起きています．たとえば，同じ症状でも「39℃の熱」と記述する医師もいれば，「高熱」と記述する医師もいるでしょう．しかし，「高熱」では何℃を指すのかわかりませんし，両者が同

じ症状を示していると判断するのはコンピュータには困難です．教育でも同じようなことが起こりえると考えられます．そのため，学習要素をID化したり，授業計画や教育評価などで使う用語を統一したりする必要があるでしょう．特に評価については，Aという評価は何点以上なのかなど，解釈を細かく決めておかなくてはいけません．

　プライバシー保護のためには，個人を特定できないかたちでデータを集める必要がありますが，どういう方法でそれを行うのかという問題もあります．さらに，複数の教育機関で別々に集められている匿名のデータを，最終的にどうやって同一人物のデータとしてまとめるのかという「名寄せ」の方法も重要な課題です（第1章コラム「教育ビッグデータ構築のための大きな課題」参照）．集めたデータを縦断的に分析し，教育や学習の改善に役立てるには，個人を識別するための何らかのしくみが必要です．医療分野で導入される医療等IDやマイナンバー制度などを参考にしながら，検討を進める必要があるでしょう．

　今後はセンサやカメラを使って，学習時の生体情報を取得できるようになると予想されますが，そもそも生体情報というきわめて個人的な情報を集めることが倫理的に許されるのかといった問題もあるでしょう．データに関するさまざまなルール，制度をつくることで，みんなが安心してLAのメリットを受けられるように，環境を整えていくことが必要です．

フィードバックの方法を明確に

データを分析した結果を，学習者や教員にどうフィードバックするのか，その方法も検討しなければなりません．フィードバックの方法には，できるだけ自動化する方向と，人をからめて連動させる方向があります．どこまでを自動化し，どこを人が担当するのか，具体的なかたちを明確にしておく必要があるでしょう．

フィードバックの内容を表示するダッシュボードのデザインも重要です．フィードバックを受け取る人が一目でパッと理解できるように，表やグラフを使って見せ方を工夫することは，人と機械を結びつけるためのキーポイントでもあるでしょう．

そして何より，システムに対して信頼感を持ってもらわなければなりません．単に「コンピュータがこういっています」というフィードバックの仕方ではなく，なぜこういう分析結果になったのか，わかりやすい解釈を示すべきでしょう．初めのうちは，教員やアドバイザのような人が伝えたほうが受け入れやすいかもしれません．試行錯誤を繰り返し，人と機械との信頼関係を築いていくことが大切です．

データ収集のための情報環境の整備

情報端末やインターネット接続など，情報環境の整備も急がなければなりません．教育データの中でも学習ログをリアルタイムに収集するためには，学習者一人ひとりが情報端末を持ち，いつでもどこでもインターネット

に接続して学習できる環境が必要です．しかし，現状では1人が1台ずつ情報端末を使用できる環境はまだ整っていませんし，すべての教室に無線 LAN を導入している教育機関は大学でも限られています．小中高校においては，情報センターのような専門の部署すらありませんから，環境を整えるにはまだ少し時間がかかるでしょう．

教育現場で LA を進める教員の育成

　教員や教員をサポートする LA 専門教職員の育成も重要です．学習ログをきちんと蓄積していくためには，現場で教える教員が ICT を使って授業を進めることが不可欠です．しかし，実際には ICT を活用した教育手法が確立されていないため，どうやって授業を行えばよいのかわからず，積極的に使用されているとはいえません．まずは，ICT の活用を前提とした授業設計や児童・生徒への指導方法について，現職の教員への研修が必要でしょう．

　新たな人材の育成も必要です．現在，教員養成課程を持つ大学は数多く存在しますが，教育の情報化を直接扱う学科，講座は圧倒的に不足しています．将来は，教員養成のカリキュラムを見直し，データの取り方，ICT の使い方や授業の組み立て方，データの活用方法などを組み込んで，小中高校の教員になろうとしている学生に指導することを検討すべきでしょう．大学の教員に対しても，同様の内容を履修する，あるいは研修を受けることを義務づけるなど，対策が必要です．

LA の担い手を育成する

LA は現在，情報学，認知科学，心理学，教育学など，さまざまな学術領域の研究者が参加して，データの蓄積，分析を行っています．その研究成果によって，教育学や心理学の知見が得られたり，脳科学や認知科学の発展につながったりしています．将来は，それらが１つになった「教育データ科学」とでもいうべき新しい学問の必要性が高まるかもしれません．

スポーツの世界ではすでにセンサをつけたり，ビデオを撮ったり，さまざまなデータを科学的に分析して選手を支援する方法がとられています．「スポーツ科学」という学問も存在します．教育データ科学はその教育版といってよいでしょう．データを分析することで，よりよい教育を目指そうというものです．

しかし，LA という学問自体がまだあまり知られていませんし，研究の体制も整っていないため，LA に関わる研究者の数は足りません．教育や心理学，認知科学の素養があって，データ科学や教育工学の技術も持ち合わせた研究者の育成が急務です．蓄積された教育データを活用して教育現場の問題点を見つけ出し，適切な改善策を提案したり，効果的な教育方法，学習方法を発見したりする新しい研究者が，今後の LA を担っていくことになるでしょう．

LA の浸透とコミュニティの構築

ほかにもまだたくさんの課題が残されていますが，今

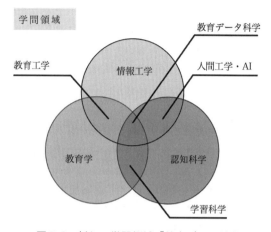

図 5-2　新しい学問領域「教育データ科学」

さまざまな分野をまたいだ，LA を専門に研究する新しい学問が必要とされるかもしれません．

いちばん大切なのはより多くの人に LA の価値を知っていただくことかもしれません．今はまだ，教育の現場においても LA に懐疑的な人は少なくありません．データを集めて利活用する意味があるのか，今のままの教育でよいのではないかといった意見も多く聞かれます．教育に「デジタル」を持ち込むこと自体に違和感を持つ人もいます．

　まずは，LA の教育環境を多くの大学に提供し，LA を活用してもらうことが必要です．すでにデータの利活用に関するガイドラインのサンプルを示したり，LA の必要性を提言したり，さまざまな活動を行ってはいます

が，データの取扱いに慎重な大学も多く，なかなか進まないのが現状です．一方で，LAを授業に取り入れ，積極的に活用している人たちもいますから，そうした取組みをもっと広げていくべきでしょう．今後は海外とも連携しながら，少しずつLAの輪が広がっていくことを目指します．

海外には，研究者たちがLAの知見を共有するコミュニティが存在します．ヨーロッパには9大学が参加するLACE（Learning Analytics Community Exchange）がありますし，アメリカには11大学が参加するUnizinがあります．こうしたコミュニティの中で，データの共有，ツールやノウハウの共有が行われています．現在，日本では研究者を中心に研究会が開かれ，LAについての検討を重ねています．将来は，研究者だけでなく，現場の教員や教育委員会，保護者なども加わったLAコミュニティを築き，みんなで議論していくことが求められます．

Column ⑩ 大学に LA を導入するには？

大学でLAを始めようという場合，ボトムアップで行うのは非常に難しいことです．さまざまな部署が関わりますし，その都度大学の許可をとる必要がありますから，まずは大学の執行部にLAを理解していただき，トップダウンで行うほうがよいでしょう．そのうえで，学生のPC必携化（BYOD）や無線LAN

の整備など，学習ログを蓄積するための学習環境を整えましょう．

　LA 導入にあたって大切なのは 4 つのことを決めること．まず目的を決めること．学生の理解度を把握したいのか，退学を防止したいのか，LA を行う目的を決めることが大切です．次に，どこから（LMS, MOOC など）どのようなデータを取得するかを決めること．3 つ目は，LA で分析した結果のうち，何をフィードバックするのか，その内容を決めることです．そして 4 つ目がデータを取得する授業を決めること．情報系の授業から始めるのか，学科や学部で行うのか，それとも大学全体で行うのかを決めてください．そのうえで，LA の導入者がまず自分の授業で実践し，それを徐々に広げていくのがよいでしょう．

　LA についての詳細やお問合せについては，以下のウェブサイトをご覧ください．
京都大学学術情報メディアセンター　緒方研究室
http://eds.let.media.kyoto-u.ac.jp

3. 「学びの羅針盤」としての LA

自分だけの学びのかたち

効果的な学習の方法は人によって違います．時間をかけてコツコツ勉強するのが得意な人もいれば，短期間に集中して学習したほうが高い効果を得られる人もいます．目で見て覚えるのが得意な人もいれば，耳で聞いたほうが覚えやすい人もいるでしょう．一所懸命勉強してもテストでよい成績がとれないのは，学び方が間違っているからかもしれません．自分に適した学び方ができれば，もっと大きな成果が出せるようになるでしょう．ただ，それは簡単なことではなく，試行錯誤しながら自分に適した効率的な学び方を見つけていくしかありません．

LA が進んだ未来では，こうした私たちの学び方も変わるでしょう．LA を活用することで，不正解だった問題からその原因を分析し，過去につまずいた単元を自動で探し出したり，つまずきを克服するために解くべき問題を提示したりすることができるようになります．アニメーションを使ったり，音声を使ったり，その人に合った方法で，効率よく学べるようになるはずです．

また，小中高校，大学，そして社会人になってからの学びへと，学びの記録が生涯にわたって蓄積されていくと，自分がいつ何をどのように学んだかがわかるようになります．それは学校の教科に限ったことではなく，博物館や美術館へ行ったり，図書館で本を読んだり，e ラー

ニングを受講したり，さまざまな経験を通して学んだことがすべて蓄積されていきます．そうやって，だれもが自分だけの学びの地図を持てるようになるでしょう．

　その地図は，過去の学びを記録しただけのものではありません．すべての人の学びの記録が蓄積されていれば，各分野で活躍している人たちがどういう学びをしてきたのか，学びの傾向がわかります．そのデータと自分の学びの記録を結びつければ，未来の可能性を指し示すことができるでしょう．自分では気づかなかった潜在的な能力を開花させる学びの方向性を見出すこともできるかもしれません．テストでよい点をとるために学ぶのではなく，LA が示すさまざまな可能性を念頭に，自分の進むべき未来のために学べるようになるのです．

過去の学びをつなげて未来をつくる

　未来を見据える一方で，過去の学びを振り返り，今とのつながりを見極めることも大切でしょう．アメリカApple 社の創業者の 1 人であるスティーブ・ジョブズは，そのスピーチの中で「点をつなげる」という話をしています．彼は大学に入学してまもなく中途退学することを決め，その後正式に退学するまで，いくつかの講義にもぐりこんで学んでいました．その 1 つが独特の美しい線で文字を書く「カリグラフィ（西洋書道）」で，彼はその授業でさまざまな書体について学びました．そのとき学んだことが，のちに彼が開発する Macintosh の美しいフォントにつながっていったのです．「点」とは過去

の学びのこと．そのときは何かの役に立つとは思っていなくても，あらゆる学びは将来どこかでつながっていきます．

　過去に学んだことを蓄積し，将来新しいことをするときにその記録をうまくつなげていく．そんなツールとしても，LA を活用できるかもしれません．自分は何を学んできたのかを確認し，点を線につなげていく．過去と現在のつながりを考えることで，進むべき未来もよりはっきりと見えてくるのではないでしょうか．

自らの夢に向かって進むために

　情報化が進んだことで，私たちの学びの環境は非常に便利なものになりました．受験にしても就職にしても，インターネットを使って簡単に情報を手に入れることができます．その半面，時として膨大な量の情報におぼれ，自分が何になりたいのかわからなくなってしまうこともあるでしょう．たとえ夢に向かって確実に歩みを進めていたとしても，本当にこの道でよいのかと，途中で迷ってしまうことだってあるでしょう．そんなとき，自分の進むべき方向を見失うことのないように，LA が羅針盤の役割を果たし，何をどう学べばよいのかを指し示してくれるはずです．

　はるか昔から，人々は羅針盤を頼りに大海原に船を進めました．見渡す限りの海．船乗りたちは羅針盤が指し示す方位によって自分たちの位置を正確に把握し，目的地までの航海を成功させてきました．LA もまた羅針盤

のように，自ら夢に向かって進んでいくための心強い
ツールとなってくれるでしょう．LA という学びの羅針
盤が指し示すその先に，一人ひとりの夢の実現が待って
います．

　これまで紹介してきた LA の取組みは，日本ではまだ
始まったばかりです．教育現場に広く浸透し，みなさん
が「LA で教育がよくなった」と実感するには，まだま
だ時間がかかりそうです．
　ただ，LA の目的はあくまで教育の改善です．教育と

は人材を育てることであり，まさに国の根幹をつくる重要な取組みです．AIやロボットなどの技術革新が急速に進む今日，教育もまた未来に向けて大きな変革が求められています．明治の初めからずっと変わらずにきた紙と鉛筆の教育が，今まさに大きく変わろうとしているのですから，課題を1つずつ解決し，LAによる新しい教育の実現を目指していきたいと思います．

Column ⑪ 教育はボーダーレス

さまざまな国の人たちが世界各地を行き来する現代，世界がつながっていることを実感できます．大学には多くの留学生が学びに来ていますし，日本からも多くの学生が海外に留学していきます．こうした社会においては，地球全体で教育の質を高めていくという考え方が大切になります．

LAは教育の方法を共有するプラットフォームであり，教育の質を向上させるためには，そのツールやデータ，エビデンスを，国を越えて共有する必要があります．ところが，自分のノウハウを取られたくないからと，授業のデータを出すのに抵抗感を持つ教員は少なくありません．学校や国も同様で，ノウハウの流出を招くと危惧する声が数多く聞かれます．そうした声が，LAを導入するにあたっての大きな壁になっているのが現状です．

しかし，そんなすぐれたノウハウが世界中で生か
されれば，教育全体が底上げされ，結局は自分のと
ころにフィードバックされることになります．教育
に境界はありません．自分の授業，自分の学校，自
分の国だけよければよいというのではなく，データ
をみんなで共有し，地球レベルで教育をよくしてい
くことが大切でしょう．

おわりに

　本書を出版することになった直接のきっかけは，国立情報学研究所の平成 29 年度第 7 回市民公開講座「オンライン教育の可能性—学習ログ分析を学びに活かす」で，「ラーニングアナリティクス」についてご紹介したことです．この講座は，国立情報学研究所の研究者たちが「情報学」の先端を一般向けに解説する年 7 回程度のプログラムです．まだ国内で「ラーニングアナリティクス」を紹介する本がなかったため，この機会に出版してみてはどうかというお話をいただきました．出版に際しては，「ラーニングアナリティクス」分野の第一線で活躍されている京都大学の緒方広明教授や九州大学の木實新一先生，弊所の山地一禎先生にも共著に加わっていただき，さらに，ライターの財部恵子さんに，初めて「ラーニングアナリティクス」を知る方にとってわかりやすくなるようまとめていただき，漸く完成させることができました．

　「ラーニングアナリティクス」は，数年来，主に教育工学の分野で注目されつつありますが，情報学におけるビックデータ研究の目覚ましい発展に支えられて，今後もさらに教育や学習の現場において実践的な取組みに活かされていくことが期待されています．海外の「ラーニ

ングアナリティクス」先進国を参考に，日本ではどのように進めていくべきかなど，本書をきっかけに研究者だけでなく少しでも多くの方に関心をもって考えていただけましたら幸いです．

　本書をまとめるにあたって，多くの方のお世話になりました．なかがわみさこさんには，素晴らしい表紙および挿絵を描いていただきました．筑波大学の佐藤哲司教授，逸村裕教授，歳森敦教授には，初稿に対して多くの有益なご意見をいただきました．大学 ICT 推進協議会 ICT 利活用調査部会の皆様，法政大学の上田浩教授，株式会社 Udzuki の皆様には資料作成について快くご協力いただきました．オープンサイエンス基盤研究センターの野坂京子さんには，初稿を丁寧に読んでいただき多くのコメントをいただきました．そして，広報チームの清水あゆ美さんや，丸善出版株式会社の小西孝幸さんをはじめとする皆様には，出版の機会を与えていただきその後も根気よくお付き合いくださって多くのご助言をいただきました．以上の方々に心から感謝を申し上げます．

古川雅子

著者紹介

古川　雅子（ふるかわ・まさこ）

情報・システム研究機構　国立情報学研究所　情報社会相関研究系　助教.
総合研究大学院大学文化科学研究科メディア社会文化専攻博士後期課程満期退学.　筑波大学留学生センター日本語・日本事情遠隔教育拠点研究員などを経て現職.　オープンサイエンス基盤研究センター教育基盤担当,　情報処理学会 教育学習支援情報システム研究会会員,　日本教育工学会会員.

＜本書への思い＞
教材を学習者のために作りたいという思いを持つことは教育に携わる者にとって不思議なことではないと思います.　しかしながら,　教師が学習者のレベルやニーズに合わせた教材を提供したとして,　その先はどうなっているのでしょうか.　多くの時間・お金・労力をかけたオンライン教材は,　時に作りっぱなしでインターネット上に死蔵されていないでしょうか.　ラーニングアナリティクスによって,　実際に教材がどのように学習されたのか等の手がかりを得られるようになり,　適切な教材設計や教材改善・学習者支援に繋がる時代が来ることを期待しています.

山地　一禎（やまじ・かずつな）

情報・システム研究機構 国立情報学研
究所 コンテンツ科学研究系 教授.
1994 年，豊橋技術科学大学工学部情報工
学課程卒業. 2000 年，同大学大学院工学
研究科電子・情報工学専攻修了. 博士 (工
学). 理化学研究所脳科学総合研究センター研究員などを経
て，現職. 高等教育機関における ICT 基盤整備に関する研
究開発に従事. 文部科学省 平成 30 年度文部科学大臣表彰科
学技術賞（開発部門）受賞.

<本書への思い>

日本の高等教育機関の IT 化は，他の先進諸国と比べて遅れて
います. 研究も教育もデータ駆動型に進めていくことが不可欠
な時代に突入しているにも関わらず，そのために必要な環境が
十分に整備されていません. ラーニングアナリティクスは，単
なる研究の対象だけではなく，大学が必要としているサービス
そのものです. 国立情報学研究所は，大学の IT 化を推進する
ためのサービスの研究開発を進めています. 本書は, 我々がいま,
何を考え何に投資をしなければならないかを自問自答しながら
まとめました. 読者の皆さまと，少しでも多くの内容を共感で
きることができれば幸いです.

緒方　広明（おがた・ひろあき）

京都大学 学術情報メディアセンター 学術
データアナリティクス分野 教授. 同大学
大学院情報学研究科 社会情報学専攻併任.
専門は教育工学. 特に, 教育データ科
学, 学習分析 (ラーニングアナリティク
ス), エビデンスに基づく教育のための情報基盤システム
などの研究に従事. 論文誌 IEEE Transaction on Learning
Technologies などの副編集委員長. 国際学会 SOLAR(Society
of Learning Analytics and Research) 等の学会役員.

＜本書への思い＞

人の学びは, 教室の中だけではなく, 至るところで起こります.
そこで, 学んだ内容を生涯にわたって記録し, 時には振り返って,
次のステップに生かすことは, 重要です. また, 学校においても,
これまでの教え方を記録して, 教育改善に利用することはとて
も大切です. さらに, 国全体でも, これまでの教育や学習の記
録を使ってエビデンスに基づいて政策を決めることは, 今後ま
すます重要になります. このように, 学習・教育の記録は, 個
人だけでなく, 学校や国全体の今後の方向性を決める「羅針盤」
となります. では, これを実現するには, どうしたらいいでしょ
うか？　本書がそれを考えるよい機会になれば幸いです.

木實　新一（このみ・しんいち）

九州大学 基幹教育院 教授・ラーニング
アナリティクスセンター長.
平成 3 年九州大学大学院工学研究科情報
工学専攻修士課程修了. 平成 8 年工学博
士（京都大学）. 以後, ドイツ国立情報
処理研究所, コロラド大学, 東京大学, 九州大学にて, 主と
してデータベース, ユビキタスコンピューティング, ヒュー
マンインタフェース・インタラクション, ラーニングアナリ
ティクス分野の研究に従事. 現在に至る. ACM, IEEE, 情
報処理学会, 電子情報通信学会, 日本データベース学会, 地
理情報システム学会各会員.

＜本書への思い＞

できるだけ短時間で効率よく目的地に到達したい時も, 寄り
道しながらとことん楽しみたい時も, 未知の領域を探検した
い時も, 地図やコンパスがあると便利です. 道に迷ってもポ
ケットにそれらが入っていれば安心なので, 心おきなく自由
になんでもできそうな気分になるかもしれません. 学びのナ
ビを手に入れたら, あなたはどこに行きますか？

財部　恵子（たからべ・けいこ）

編集・ライター.

東京都生まれ. 早稲田大学第一文学部卒
業後, 出版社に入社. 一般書籍等の編集
を経て, 科学雑誌編集部に勤務. 約10
年にわたってさまざまな科学分野の記事
を担当. 現在はフリーで活動. 大学や研究機関の刊行物の執
筆・編集, 子ども向け書籍の執筆協力, 国立科学博物館をは
じめ博物館・資料館の展示解説などに携わる.

＜本書への思い＞

「ラーニングアナリティクス」って何のこと？　教育には興
味があるけど, ビッグデータやICTといった話はどうも苦
手だ. 本書は, そんなふうに思われた方にも是非読んでいた
だけるように, なるべく専門的な記述を避けて解説していま
す. 本書を通して, 日本ではまだあまり一般には知られてい
ないラーニングアナリティクスについて, 多くの方に知って
いただき, これからの時代の教育について考えるきっかけに
なれば幸いです.

——— 情報研シリーズ23 ———

国立情報学研究所(http://www.nii.ac.jp)は、2000年に
発足以来、情報学に関する総合的研究を推進していま
す。その研究内容を『丸善ライブラリー』の中で一般に
もわかりやすく紹介していきます。このシリーズを通じ
て、読者の皆様が情報学をより身近に感じていただけれ
ば幸いです。

学びの羅針盤
—— ラーニングアナリティクス　　　丸善ライブラリー389

令和2年1月30日　発　行

監修者　情報・システム研究機構　国立情報学研究所

著作者　古川　雅子　山地　一禎　緒方　広明
　　　　木實　新一　財部　恵子

発行者　池田　和博

発行所　丸善出版株式会社

〒101-0051　東京都千代田区神田神保町二丁目17番
編集：電話(03)3512-3266／FAX(03)3512-3272
営業：電話(03)3512-3256／FAX(03)3512-3270
https://www.maruzen-publishing.co.jp

印刷・製本　大日本印刷株式会社

ISBN 978-4-621-05389-8　C0255　　　　　Printed in Japan